Gustav Sapper

Beiträge zur Geschichte der preussische Politik und Strategie

im Jahre 1744

Gustav Sapper

Beiträge zur Geschichte der preussische Politik und Strategie im Jahre 1744

ISBN/EAN: 9783743686335

Hergestellt in Europa, USA, Kanada, Australien, Japan

Cover: Foto ©Suzi / pixelio.de

Weitere Bücher finden Sie auf **www.hansebooks.com**

Beiträge zur Geschichte

der

preussischen Politik und Strategie im Jahre 1744.

———— ▪ ————

INAUGURAL-DISSERTATION

zur

Erlangung der Doctorwürde

bei der

hohen philosophischen Facultät der Universität Marburg

eingereicht von

Gustav Sapper,

aus Havelberg.

———— ———— ———— ————

Marburg.

Universitäts-Buchdruckerei (R. Friedrich).

1891.

Seinem verehrten Lehrer

Herrn Professor M. Lehmann

in Dankbarkeit gewidmet.

Stand der Forschung.

Seit Friedrich II. im Jahre 1744 mit 80 000 Mann »kaiserlicher Hilfstruppen« in Böhmen einfiel, ist oft die Frage nach den Gründen erörtert worden, welche ihn dazu veranlassten. Dem König voran ging ein Manifest, in welchem er erklärte, »er begehre nichts für sich und es handle sich nicht um seine persönlichen Interessen, sondern er nehme nur seine Zuflucht zu den Waffen, um dem Reiche die Freiheit, dem Kaiser die Würde und Europa die Ruhe wiederzugeben« [1]).

Ebenso verwahrt sich Friedrich in der Geschichte seiner Zeit [2]) gegen den Vorwurf, als habe er etwa neue Eroberungen beabsichtigt.

Nun ist aber aus den diplomatischen Verhandlungen dieses Jahres, wie wir sie jetzt in der politischen Korrespondenz des Königs verfolgen können, bekannt, dass der König betreffs Überlassung der drei böhmischen Kreise Bunzlau, Königgrätz und Leitmeritz lebhafte Verhandlungen mit dem kaiserlichen und dem französischen Hofe gepflogen hat, und es drängt sich naturgemäss die Frage auf: inwieweit waren diese territorialen Absichten von Einfluss auf die offensiven Pläne des Königs? Ranke (S. W. 29, 93), Droysen (Pr. Pol. V, 2, 223 u. 268), Oncken (das Zeitalter Friedrich d. Gr. I, 400) und noch Koser in seiner jüngst erschienenen Schrift Friedrich der Grosse, Erste Abteil. Stuttgart 1890 (pag. 221/222, vergl. auch Histor. Ztschr. 43, 251) messen den territorialen Plänen des Königs nur eine geringe Bedeutung bei, ebenso Dove (Deutsche Gesch. VI, I, 257), wenngleich er nachdrücklich auf die politisch-strategische Bedeutung der genannten böhmischen Kreise hinweist. Etwas mehr Gewicht legt darauf die neueste französische Bearbeitung dieser Zeit von Broglie (Frédéric II et Louis XV, 2, 177), aber auch er macht die Sache in zwei Zeilen ab, indem er sagt, die beabsichtigten Erwerbungen seien nach Friedrich

---

1) Vgl. Preussische Staatsschriften, ed. Koser, I, 447. Pol. Korresp. III, 245.

2) Publicationen a. d. preussischen Staatsarchiven IV, 311.

dazu bestimmt gewesen, »den Besitz seiner ersten Eroberung zu vervollständigen und zu sichern«. Arneth endlich (Maria Theresias' erste Regierungsjahre, Bd. 2, 328) lässt die Sache unentschieden, wenngleich er mehr dazu neigt, den territorialen Plänen einen wichtigen Einfluss zuzumessen.

Gegen diese Ansichten hat sich neuerdings ein jüngerer Gelehrter, Disselnkötter, in seiner »Beiträge zur Kritik der histoire de mon temps« betitelten Abhandlung gewandt. Er kommt aufgrund eingehender kritischer Untersuchungen zu dem Resultat, dass sich im zweiten schlesischen Kriege »die Tendenz eines Eroberungskrieges ausspreche, der, wie wir jetzt sagen dürfen, den Fehler des Breslauer Friedens wieder gut machen sollte und eine weitergehende Schwächung Österreichs zugunsten des Kaisers und Preussens bezweckte« (p. 133), eine Ansicht, der ich mich anschliesse.

Weniger kontrovers ist der Inhalt des zweiten Teiles meiner Abhandlung, welcher die Feldzugspläne des Jahres 1744 betrifft. Sie haben seit Orlich keine neue Bearbeitung gefunden.

Für den ersten Teil reichte die »Politische Korrespondenz Friedrichs des Grossen« im Wesentlichen aus; für den zweiten war es mir vergönnt, die Akten des Geheimen Staatsarchivs in Berlin einzusehen.

A. Die territorialen Pläne des Königs.

§ 1. Während des ersten schlesischen Krieges.

Als Friedrich im Jahre 1740 die Waffen erhob, that er es in der ausgesprochenen Absicht, sich in den Besitz von ganz Schlesien zu setzen, für dessen grössten Teil er sich auf alte Erbansprüche berief[1]. Bald jedoch kamen weitere territoriale Pläne dazu. In denselben Tagen, wo der König selbst mit dem linken Flügel seines Heeres direkt auf Breslau marschierte, zog Schwerin an der Spitze des rechten die nördliche Abdachung des Riesen- und Eulengebirges entlang, über Haynau und Schweidnitz auf Frankenstein, wo er am 7. Januar 1741 eintraf. Ihm voraus eilte ein besonderes Detachement, um sich der wichtigen Festung Glatz, der Hauptstadt der gleichnamigen Grafschaft zu bemächtigen[2]), welche schon seit geraumer Zeit als ursprünglich böhmisches Lehen, getrennt von Schlesien

---

1) Vgl. P. K. I, 75, 103, 132, 143 etc.
2) Vgl. Droysen, Pr. Pol. V, 1, 194, 196 ff.; Ranke S. W. 27, 351.

durch einen eigenen kaiserlichen Landeshauptmann verwaltet wurde [1]). Der Versuch misslang [2]), aber der König liess die Absichten auf Glatz nicht fallen; er erkannte mit scharfem Blick die Bedeutung dieser Landschaft, die wie eine Eckbastion in das nördliche Böhmen hineinragt und hochwichtige Pässe über das Gebirge beherrscht [3]). Zudem war das Land reich und blühend, wie denn der Erbprinz Leopold von Dessau im Herbst des Jahres 1741 an den König schreibt: »Das Land ist bei Glatz herum so schön, dass obgleich dieses Jahr viele schöne Situationen gesehen, doch keine einzige gefunden, so die Glatzer beikäme, und ist diese Grafschaft, wie Kommissarien sagen, in solchem Anschlage, dass, wenn Böhmen 40 Thaler geben muss, selbige 1 Thaler giebt, folglich diese Grafschaft sehr konsiderabel« [4]). Es entstand in dem König der Gedanke, bei dem in kürzester Zeit zu erwartenden Ableben des Kurfürsten von der Pfalz seine Ansprüche auf Ravenstein durch ein Abkommen mit Baiern gegen Stadt und Grafschaft Glatz einzutauschen und zur Ausführung dieses Planes die Vermittelung der Franzosen, welche auf die Entschliessungen des Kaisers einen so grossen Einfluss hatten, in Anspruch zu nehmen [5]). Verstärkt wurden die Absichten des Königs auf Glatz noch durch die in Frankfurt zwischen Baiern und Sachsen gepflogenen Verhandlungen betreffs einer Teilung der österreichischen Erbschaft, denn er war nicht gewillt, Sachsen etwa zu einer ihn selbst bedrohenden territorialen Macht zu verhelfen [6]). Er schlug vor, den Sachsen Oberschlesien bis zur Neisse, sowie ein Stück von Böhmen zu geben, dagegen ihm Glatz zu lassen, um, wie er sagt, »sich gegen die Sachsen zu decken«, und Neisse, »um sich gegen ihre schlechten Absichten zu sichern« [7]). Aber Karl Albert machte betreffs der gewünschten Abtretung von Glatz viele Schwierigkeiten, weil er Böhmen gern ungeteilt erhalten wollte. Daher wurde trotz der französischen Vermittelung lange resultatlos hin und her verhandelt. Endlich gegen Ende September kam der König durch Zufall in den Besitz eines Briefes des französischen Marschalls Belleisle an Valory, den Vertreter Frankreichs am Berliner Hofe, in dem von einer Äusserung Karl Alberts berichtet wurde, dahin gehend, dass es

---

1) Vgl. Heigel, Tagebuch Karls VII. p. 158.
2) Vgl. Grünhagen, Gesch. d. ersten schles. Krieges I, 161.
3) Der König selbst bezeichnet es einmal als den »Schlüssel seines Hauses« (P. K. I, 389).
4) Mitgeteilt bei Grünhagen a. a. O. II, p. 106.
5) Vgl. P. K I, 295, 315, 366, 373, 385 etc.
6) Vgl. Grünhagen II, 76.
7) P. K. I, 315.

ihm »sehr nahe« gehen würde, Glatz an Preussen abzutreten, »obschon er aus besonderer Reconnaissance gegen Sr. Kgl. Maj. sich endlich solches auch gefallen lassen würde« [1]). Der König ersah daraus, dass es nur auf ein energisches Fordern ankäme, um von dem fremder Hülfe so sehr bedürftigen Kurfürsten Glatz zugesichert zu erhalten. Eigentümlich ist es, dass er gerade jetzt seinem Kabinetssekretär Eichel wie dem französischen Marschall Belleisle gegenüber erklärte, er wäre bereit, auf Glatz zu verzichten, wenn Böhmen ganz an Baiern falle, Sachsen kein Stück davon erhielte [2]). Es ist diesem, zudem stark verklausulierten Verzicht eine wirkliche Bedeutung schwerlich beizumessen, er ist vielmehr als ein diplomatischer Schachzug anzusehen: er will sich jetzt, wo er sicher ist, das Gewünschte zu erhalten, durch eine scheinbare Nachgiebigkeit das Vertrauen und die Dankbarkeit [3]) seines Aliierten gewinnen, und es kennzeichnet den Vorgang, dass er als Entgelt für diesen scheinbaren Verzicht die Lösung des Lehnsverbandes zwischen Böhmen und Beeskow-Storkow von Karl Albert zu erwirken hofft [4]). Er war seiner Sache betreffs Glatz so sicher, dass er sogar meinte, eventuell Ravenstein noch retten zu können [5]). Die Verhandlungen wurden zum Abschluss gebracht durch die Geldverlegenheiten des Kurfürsten, denen der König gegen die Cession von Glatz abzuhelfen sich bereit zeigte, und zwar wurde die Summe auf 400000 Thaler festgesetzt [6]). Aber der vorsichtige König wollte sie erst zahlen, wenn er klar sehen würde, welche Wendung die Dinge in Böhmen nähmen und er wirklich in dem Besitz von Glatz wäre [7]).

Mit dieser Unterhandlung kreuzen sich die Anfänge einer andern, welche neue territoriale Pläne des Königs betreffen. Karl Albert liess in der zweiten Hälfte des Septembers 1741 bei dem preussischen Gesandten, dem Geheimen Kriegsrat von Klinggräffen, vertraulich anfragen, ob Preussen geneigt sei, ihm gegen ein Unterpfand in Juwelen einige hunderttausend Gulden zu leihen. Klinggräffen berichtete darüber nach Berlin mit dem Bemerken, dass man am kurfürstlichen Hofe nicht abgeneigt schiene, sich anstatt der Verpfändung von Juwelen auch zu einer Hypothek auf böhmisches Land zu verstehen, und Friedrich gab sofort seine Bereitwilligkeit zu er-

---

1) Vgl. P. K. I, 351.
2) Vgl. ebend. u. pag. 354.
3) Vgl. die Äusserung Karls VII. darüber bei Heigel, Tagebuch K.'s VII., p. 23.
4) P. K. I, 354.
5) P. K. I, 365, 366, 370.
6) P. K. I, 387.
7) Vgl. P. K. I, 402, 406, 416.

kennen, die gewünschte Summe vorzustrecken, für den Fall, dass er wirklich eine Hypothek auf böhmisches Land bekäme; aber, so fuhr er fort, »der Kurfürst muss Böhmen erst in Besitz haben, denn was man nicht hat, kann man nicht verpfänden« [1]). Karl Albert liess ihm darauf eine Hypothek auf die Herrschaft Neumark in der Oberpfalz anbieten, allein Friedrich lehnte es rundweg ab, weil Neumark ihm nicht passe [2]). Dagegen sprach er in seiner am 30. November an Klinggräffen gesandten Weisung offen aus, dass er bereit sei, dem Kaiser noch weitere Summen zu leihen, aber nur gegen eine Hypothek auf den Königgrätzer Kreis, dessen Lage ihm, wie er erklärte, besser passe als die irgend einer andern Hypothek [3]). Am 9. Dezember wiederholte er die Weisung mit dem Bemerken, dass der Königgrätzer Kreis »das einzige Object« sei, welches ihn zur Gewährung der Anleihe bewegen könnte [4]).

Er traf mit Königgrätz keine schlechte Wahl. Königgrätz war und ist einer der wichtigsten Punkte Böhmens, von hier aus führten wichtige Strassen nach allen Richtungen, nach Prag, nach Olmütz, über Glatz nach Niederschlesien, über Czaslau-Iglau nach Wien. Kurz, Königgrätz war, wie das Generalstabswerk über den ersten schlesischen Krieg mit Recht betont [5]), neben Prag und Olmütz einer der gegebenen Sammelplätze für die österreichische Armee, um einem von Norden her erfolgenden Angriff zu begegnen; aber diese drei Orte »kamen in gleicher Weise bei einem Angriff gegen Oesterreich in Betracht, denn nur von ihnen aus konnte derselbe auf einer der Kaiserstrassen bis in das Herz des Reiches geführt werden«. Auch der Kreis Königgrätz war reich und fruchtbar, er lieferte, wie der König sich seinem Minister Podewils gegenüber äusserte, viel Menschen und Pferde für den Krieg [6]). Gelang es dem König, diesen Landstrich zu erwerben, so hatte er nicht nur Sachsen damit geographisch überflügelt, während in der Zeit der bairischsächsischen Teilungsentwürfe umgekehrt Preussen dies Schicksal drohte, sondern er hatte auch nur einen einzigen Tagemarsch bis zu den Thoren von Prag; nur drei bis vier Meilen von der Hauptstadt des durch Preussens Waffen erhobenen wittelsbachischen Kaisers lief dann die preussische Grenze. Dieser Umstand wurde denn auch bald genug der Gegenstand gegenseitiger Erörterungen, sodass König Friedrich sich einmal mit

---

1) Vgl. P. K. I, 378 u. 379 (No. 558 u. 559), 406.
2) P. K. I, 416.
3) Vgl. ebend. und Grünhagen I, 115.
4) P. K. I, 426.
5) Die Kriege Friedrichs d. Gr. I p. 198.
6) P. K. II, 187/188.

einem Teil des Königgrätzer Kreises begnügen zu wollen erklärte[1]). Aber auch so wurde die an sich schon ansehnliche
Position, welche Preussen mit der Grafschaft Glatz gewonnen
hatte, ganz ungemein verstärkt, wenn es jetzt die südliche
Abdachung des Gebirges, den Ausgang der Pässe nach der
böhmischen Seite hin in die Hand bekam. Wann der Gedanke,
Königgrätz zu erwerben, dem König zuerst gekommen, ist
schwer zu ergründen. Vielleicht beseelte der Wunsch, Königgrätz zu besitzen, den König schon, als er am 22. Oktober dem
Erbprinzen Leopold von Dessau Befehl gab, durch die Grafschaft Glatz in Böhmen einzurücken[2]), wie zu Kleinschnellendorf
verabredet worden war[3]). Er bemühte sich jedenfalls von nun
an ernstlich, die Zustimmung des Kurfürsten von Baiern zu
diesen neuen territorialen Plänen zu erlangen[4]).

Als Feldmarschall Törring in Baiern eine empfindliche
Schlappe von den Oesterreichern erlitten, Ségur mit seinen
Franzosen in Linz kapituliert hatte, und die bairischen Kurlande
der Rache der Oesterreicher anheimfielen, sprach Friedrich
Podewils gegenüber offen aus: »Das bringt den Kurfürsten
in Geldverlegenheit, ich profitiere davon und hoffe, gegen ein
Darlehn von einer Million in den Besitz des Königgrätzer Kreises
zu gelangen«[5]). Mitte Februar erhielt dann der preussische
Feldmarschall Baron von Schmettau den Befehl, an das kaiserliche Hoflager zu gehen und bekam eine ausführliche Instruktion
mit, wie er sich in dieser Angelegenheit zu verhalten habe[6]).

Hier heisst es im ersten Artikel: Schmettau möge »dieses
Negoce mit solcher Adresse einzuleiten bedacht sein, damit
womöglich des Kaisers Majestät Selbsten dergleichen Kapital
von Sr. Kgl. Majestät zu erlehnen suchen und dagegen den
Königgrätzer Kreis zu hypotheciren sich anerbieten«. Artikel 2
bis 7 geben die Einzelheiten für den Fall des Zustande-
kommens des Projektes. Auffällig ist dabei die Bedingung, dass
die vorzustreckende Summe wenigstens achtmalhunderttausend
bis zu einer Million Reichsthaler betragen müsse. Die Absicht
bei dieser Bestimmung liegt auf der Hand, sie soll dazu dienen,
den Zeitpunkt der Rückgabe des verpfändeten Gebietes in weite
Ferne zu rücken, denn König Friedrich kannte nur zu genau

---

1) Vgl. P. K. I, 154 Anm. 1. Grünhagen II, 230.
2) Grünhagen II, 62. P. K. I, 384/385.
3) Vgl. Grünhagen II, 109, der auf die doppelte Bedeutung dieser
Massregel für den König hinweist.
4) Vgl. P. K. I, 426 und II, 10, Anm. 1.
5) Vgl. P. K. II, 25.
6) P. K. II, 55—57.

die ewige Geldverlegenheit des Kaisers [1]). An eine Rückgabe der vorgeschossenen Summen war dabei in absehbarer Zeit kaum zu denken; wenn Preussen jetzt einen so beträchtlichen Vorschuss gab, musste die Aussicht für den Kaiser, die verpfändeten Gebietsteile wieder einlösen zu können, noch geringer werden. Um diesen immerhin doch möglichen Fall thunlichst zu verhindern, waren in Artikel 4 und 7 der Schmettauischen Instruktion noch besondere Bestimmungen aufgenommen. Es sollten sämmtliche, zur Zeit des preussischen Pfandbesitzes geschehene Meliorationen, »sie haben Namen wie sie wollen«, vergütet werden. Wie aber hätte der Kaiser in seiner jämmerlichen finanziellen Lage zu der an sich schon bedeutenden Pfandsumme auch noch diese Vergütigungen erstatten sollen, zumal die ganze Summe auf einmal und in dem zur Zeit der Wiedereinlösung »gültigen und kurrenten Gelde« bezahlt werden sollte, »weilen mit der Zeit die Münzsorten oder auch wohl die Valuta der Geldspezies sich verändern könnten«. Ausserdem war noch bestimmt, dass die Wiedereinlösung erst drei Jahre nach erfolgter Kündigung geschehen dürfe. Man ersieht aus alledem, wie viel dem Könige daran lag, in den dauernden Besitz von Königgrätz zu kommen. Er ermächtigte Schmettau sogar, dem kaiserlichen Minister, welcher die Sache zum Abschluss bringen würde, eine preussische Jahrespension von zwölftausend Thalern zuzusichern. In Artikel 14 und 15 zeigt sich die landesherrliche Fürsorge Friedrichs: er sucht gleich bei dieser Gelegenheit Vorteile für seine neuen Unterthanen herauszuschlagen, ihnen Salz- und Tuchlieferungen zu verschaffen.

Inzwischen hatte man in Wien den englischen Vermittelungsversuchen Gehör gegeben, man näherte sich Preussen wieder, und dieses sagte sich in der Konvention von Klein-Schnellendorf von Frankreich los. Es erfolgte Friedrichs Zug nach Mähren, der jedoch den Verhandlungen kein Ende bereitete. Die Oesterreicher schritten von ihren anfänglich kleinen Anerbietungen zu immer grösseren vor, und auch ihnen gegenüber hielt der König hartnäckig an der Erwerbung von Königgrätz und Pardubitz fest, nachdem ihm der englische Diplomat, Lord Hyndford, Hoffnung auf ein günstiges Abkommen mit der Königin von Ungarn gemacht hatte. Unter den »conditions sur lesquelles j'ai ordonné à mon ministre d'État, le comte de Podewils d'entrer en négociaton avec Milord Hyndford« [2]) ist neben Glatz und Niederschlesien samt Breslau und Neisse der

---

1) Vgl. Broglie a. a. O. II pag. 157 ff.
2) Vgl. P. K. II, 84/85.

ganze Königgrätzer Kreis nebst der Herrschaft Pardubitz als preussische Forderung gestellt; der König liess Hyndford 100000 Thaler versprechen, falls er die Angelegenheit zum erwünschten Abschluss brächte [1]).

Inzwischen aber war in dem König die Besorgnis vor einem französischen Separatfrieden immer stärker geworden [2]). Und »in dieser Zeit politischer Depression«, »als die Besorgnis, dass ihm Frankreich mit einem Separatfrieden zuvorkommen könnte, alle andern Gedanken zurückdrängte« [3]), wies der König (22. Mai) Podewils an, im äussersten Notfall statt Königgrätz Oberschlesien, welches der Wiener Hof bot, zu nehmen. Aber nur zu bald reute den König die Weisung. Denn jetzt endlich erschienen die französischen Truppen in Baiern, um dem österreichischen Feldmarschall Khevenhüller die Spitze zu bieten [4]). Während er daher noch in dem ersten der drei Briefe, welche er am 22. April in dieser Angelegenheit an Podewils schrieb, erklärt hatte: »Ihr wisst, dass ich mich nicht auf Königgrätz steife« [5]), schreibt Eichel in dem zweiten: »Ueberhaupt werden des Königs Majestät Oberschlesien nicht anders als auf den extremen Fall gegen den Königgrätzer Kreis annehmen, einesteils, weil, wann Sie auch solches bekommen, die Position Dero Landen sehr in die Länge gestreckt und schmal ausfallen wird, da Sie sich hergegen durch Königgrätz arrondieren, nicht zu gedenken, dass, wenn Sie Oberschlesien nehmen müssten, Ihnen dadurch das ganze Onus derer auf Schlesien liegenden Schulden mit zur Last fällt« [6]). Ein paar Tage darauf musste Eichel an Podewills schreiben, dass, »je mehr Se. Königliche Majestät die Umstände wegen Königgrätz und wegen Oberschlesien überlegten, je mehr Sie Ursach fänden, auf ersteres zu bestehen und dass Sie letzteres, ohnerachtet es in sich weit importanter, dennoch fast nicht annehmen könnten, es sei denn, dass Sie die allerhöchste Not dazu zwänge, solches anzunehmen, alsdann aber doch dieses Land Ihnen ganz inutil sein würde« [7]). Als Grund war hier angegeben, wenn Böhmen der Königin von Ungarn verbleibe, werde Preussen von der »Diskretion« des Hauses Habsburg abhängig sein, welches jederzeit es in der

---

1) P. K. II, 121. Grünhagen II, 220 giebt nur 10 000 Thaler an.
2) Vgl. P. K. II, 107.
3) Vgl. Grünhagen II, 222.
4) Vgl. P. K. II, 125, besonders deutlich p. 136.
5) P. K. II, 125. Ranke S. W. 28, 518 folgert aus dieser Weisung, dass es dem Könige mit der Erwerbung von Königgrätz überhaupt nicht rechter Ernst gewesen sei.
6) P. K. II, 126.
7) Ebend. p. 137.

Hand habe, über Schweidnitz mit einer Armee nach Schlesien zu debouchiren, wodurch sie sofort Oberschlesien in ihrer Gewalt haben würden. Hingegen, so heisst es weiter, »wenn der Königgrätzer Kreis an Se. Königl. Majestät cediret würde, solches Niederschlesien dergestalt arrondierte, dass man solches gegen alle feindlichen Desseins mit einer Armee souteniren könnte«. Der König könne sich nur für den Fall mit Oberschlesien begnügen, dass eine andere, schwächere Macht als die Königin von Ungarn Böhmen erhielte[1]).

Noch in einer anderen Hinsicht war ihm Königgrätz wertvoller als Oberschlesien. Oberschlesien war durch den voraufgegangenen Feldzug gänzlich ausgesogen[2]), zudem waren die Einwohner bigott katholisch[3]). Der König selbst sagt darüber einmal: »Oberschlesien ist ein ruiniertes, unhaltbares Land, dessen Untertanen mir niemals treu sein werden. Königgrätz ist ein reiches Land, von dem ich sofort Nutzen habe ... Ich kann es verteidigen, und es ist eine solide Erwerbung«[4]).

Der König verfiel, als die Verhandlungen keinen Erfolg hatten, sogar auf das Auskunftsmittel, Königgrätz durch eine jährliche Subsidienzahlung bis zu 700000 Thalern an die Königin von Ungarn zu gewinnen; dieser Ausweg erschien ihm wenigstens nicht so »odiös«, als das Verlangen der Osterreicher nach militärischer Unterstützung zu erfüllen[5]). Aber auch das war vergeblich, und so erging denn am 11. Mai an Podewils der Befehl, die Unterhandlungen abzubrechen; »am 13. kampieren wir, das ist das Resultat der Unterhandlungen«: so schliesst die betreffende Weisung[6]).

---

1) Auch dieser letzten Versicherung werden wir nach den bisherigen Erörterungen kaum eine wirkliche Bedeutung beizumessen haben, denn wir sahen, wie hartnäckig der König auch dem Kaiser gegenüber auf der Erwerbung von K. bestand, und in diesen Tagen empfing Podewils täglich einen, zwei oder gar drei Briefe (22. April) in dieser Angelegenheit. Eichel wusste auch ganz genau, wieviel dem König an den Erwerb des Königgrätzers Kreises lag und nahm mit Recht an, dass auch Podewils es gemerkt hätte, daher er denn in dem erwähnten Schreiben sich mit der Bemerkung begnügt: Ew. Excellenz werden inzwischen meines wenigen Erachtens nach am besten urteilen, ob und wie die Sache wegen Königgrätz zu Se. Kgl. Maj. Vergnügen zu redressiren«.

2) Friedrich: La Haute Silésie est mangée de sorte que l'embarras est inexprimable. (P. K. II, 96).

3) Vgl. Ranke, S. W. 27/28, 344.

4) P. K. II, 187/188.

5) P. K. II, 132.

6) P. K. II, 157/58. Ranke S. W. 27/28 p. 599.

§ 2. Der Friedenschluss zu Breslau.

Am 17. Mai errang Friedrich den Sieg bei Chotulitz; fünf Tage darauf erging der Befehl an Podewils, die Verhandlungen wieder aufzunehmen. Der König, so heisst es in der Weisung, sei zu einem Vergleiche bereit, falls der Wiener Hof »keine impertinente Garanties prätendiren und Sr. Kgl. Maj. den Königgrätzer Kreis nebst Pardubitz cediren wollen«[1]), und unter dem 26. wiederholte der König die Weisung mit der Bemerkung, Podewils möge Hyndford »in unbestimmten Ausdrücken« zu verstehen geben, dass für Preussen Königgrätz und Pardubitz die »sakramentalen Worte« seien[2]). Allein auch jetzt waren seine Bemühungen fruchtlos; Maria Theresia hatte eine lebhafte Empfindung von der Gefahr, welche ihr drohte, wenn Preussen in Böhmen festen Fuss fasste, sie erklärte, dass sie lieber kämpfend unter den Trümmern von Wien sich begraben lassen wollte, als Königgrätz an Preussen abtreten[3]). Ausserdem hatte es der König mit dem Frieden aus verschiedenen Gründen sehr eilig[4]), sodass er im Breslauer Frieden zwar die Erwerbung von Glatz durchsetzte, hingegen seine Wünsche auf Königgrätz zu seinem grössten Leidwesen ebensowenig erfüllt sah, wie es ihm gelang, zu Oberschlesien noch Jägerndorf und Troppau mit den wichtigen Gebirgspässen zu erlangen[5]).

§ 3. Wiederaufnahme der territorialen Pläne und Verhandlungen darüber.

Als Friedrich im Jahre 1744 wieder anfing, sich mit offensiven Plänen zu beschäftigen, lebten auch sofort die alten territorialen Wünsche wieder auf.

Wie wir bei der Erörterung der Feldzugspläne sehen werden, finden sich die ersten Spuren offensiver Pläne am 10. Februar. Da ist es denn interessant zu sehen, wie gleich in dem ersten Befehl des Königs an Klinggräffen, seinen Gesandten in Frankfurt a. M. (11. Februar), sich Frankreich wieder zu nähern, am Schluss sich der Passus findet, Klinggräffen solle, »wie aus sich selbst heraus« »auf delikate Weise« dem französischen Geschäftsträger gegenüber bemerken, dass bis jetzt in Frankreichs Anerbietungen noch kein »avantage« für Preussens

---

1) Vgl. P. K. II, 174.
2) Vgl. P. K. II, 179.
3) Arneth a. a. O. II, 71.
4) Vgl. P. K. II, 187, 190/91. Grünhagen II, 219.
5) Vgl. Grünhagen II, 318. Droysen V, 1, 469/70.

eventuelles Eintreten, für das Risiko, welches es damit auf sich nehme, vorhanden sei [1]).

Welcher Art diese »avantages« sein sollten, das zeigen uns die in diesen ereignisreichen Tagen aufgezeichneten Reflexionen[2]) des Königs. Er bezeichnet es hier als einen »böse Absichten bekundenden Schelmenstreich« der Österreicher, dass sie ihm im Breslauer Frieden Troppau samt den wichtigen Sudetenpässen »entwunden« hätten und zwar nur »um so den König von Preussen bei passender Gelegenheit angreifen zu können«.

Vor allem diesen ansehnlichen, rund hundert Quadratmeilen betragenden[3]) Rest Schlesiens zu erwerben, lag dem König am Herzen; aber seine Wünsche gingen noch weiter: er wollte den Bereich seiner Macht über den Wall der Sudeten hinaus ausdehnen, er plante eine Teilung Böhmens zwischen dem Kaiser, Preussen, und eventuell auch Sachsen.

Zunächst jedoch sprach er sich noch nicht näher über den Umfang dieser »convenances« in Böhmen aus[4]), er liess nur immer betonen, dass sie durchaus im Verhältnis zu dem Risiko stehen müssten, welches er durch eine Schilderhebung auf sich nehme: mit den Anerbietungen solle man ihm kommen, da er nicht der Suchende, sondern der Gesuchte sei[5]). Am 11. März forderte dann Generalmajor von Rothenburg, der Ende Februar in besonderer Mission nach Versailles ging, für Preussen den oberen Teil Böhmens »auf sächsischer Seite, diesseits der Elbe« sowie den »geringen«, noch im Besitz der Königin von Ungarn befindlichen Rest Schlesiens, für den Kaiser den Rest Böhmens mit Prag, ausserdem gegenseitiges Versprechen, die Waffen nicht eher niederzulegen, als bis man im Besitz aller zu vereinbarenden Landerwerbungen sei[6]). Bald aber wurden die preussischen Forderungen noch genauer formuliert und zugleich erweitert.

Klinggräffen hatte in Frankfurt gemäss der Weisung des Königs die Frage der »convenances« zur Sprache gebracht; darauf übergaben ihm der französische Gesandte Chavigny und der

---

1) P. K. III, 32. Auch unter den »articles moyennant lesquels l'on pourra s'engager avec la France« (P. K. III, 43) findet sich die Frage der Convenances berührt.
2) P. K. III, 35 ff.
3) Vgl. Disselnkötter, a. a. O. p. 88, Anm. 6.
4) Auch dem kaiserlichen Feldmarschall, Grafen Seckendorff, der in diesen Tagen in Berlin eintraf, machte er noch keine Eröffnungen darüber (vgl. p. 20).
5) P. K. III, 51.
6) Vgl. P. K. III, 44, Anm. 1.

kaiserliche Geheimrath Graf Bünau eine Denkschrift[1]), in welcher der Kaiser sich bereit erklärte, den Königgrätzer Kreis an Preussen zu überlassen, und zugleich seine eigenen Forderungen aussprach[2]). Friedrich fand die Forderungen des Kaisers zu weit gehend. Er glaubte, dass Böhmen und der Breisgau mit den Waldstädten[3]) für den Kaiser genügen würden; Oberösterreich jedoch möchten die kaiserlichen Truppen erobern, ehe davon die Rede sein könnte[4]); ausserdem müssten Salzburg und Passau nach dem Tode der Bischöfe zugunsten des Kaisers säkularisiert und bei dem allgemeinen Frieden Carl Alberts Sohn, Max Joseph, zum römischen König gewählt werden. Er selbst aber war nicht gemeint, sich jetzt bei den günstig scheinenden Konjunkturen der grossen europäischen Politik mit dem einen böhmischen Kreis zu begnügen, jetzt, wo seine Hülfe dem hart bedrängten Kaiser und den Franzosen unentbehrlich war[5]). Er begehrte ausser dem Rest Schlesiens die drei böhmischen Kreise Königgrätz, Bunzlau und Leitmeritz bis zur Elbe, ausserdem aber auf dem linken Elbufer die Herrschaft Pardubitz, die Städte Kollin, Chrudim, Czaslau und Hohenmauth bis Grulich[6]); dazu kam dann noch die mährische Enklave Hotzenplotz, die von den Österreichern im Breslauer Frieden nicht mit abgetreten war[7]). Dagegen erklärte er sich bereit, auf seine Ansprüche auf Ostfriesland zugunsten von Kurpfalz zu verzichten, das dann auf seine oberpfälzischen Besitzungen zugunsten des Kaisers verzichten könne. Der Kaiser ging nicht hierauf ein[8]). Er fand sich zwar bereit, die drei geforderten böhmischen Kreise abzutreten, aber einmal

---

1) Klinggräffen sendet sie am 17. März ein (P. K. III, 63). Droysen V, 2, 242 hat irrtümlich den 14. März.

2) Böhmen, Oberösterreich zw. Enns und Inn, Vorderösterreich mit Dependenzen, Neuburg und Sulzbach, wofür das Haus Pfalz in den österreichischen Niederlanden entschädigt werden sollte, zuletzt noch das immerwährende Besatzungsrecht in dem wichtigen Passau.

3) Säkkingen, Waldshut, Rheinfelden, Lauffen. (Neu vermehrtes histor. u. geograph. allgem. Lexikon. Basel 1727, Teil IV, 821.)

4) P. K. III, 63: »ne donnons point dans le chimérique, mais dans le possible.«

5) Broglie II, 166 sagt offen: Se passer de lui et avec lui de la meilleure ou pour mieux dire, de la seule armée qu'eût l'Allemagne, était impossible.

6) P. K. III, 63, 71.

7) P. K. III, 133.

8) Klinggräffen berichtet am 11. April (Geh. St. Arch.): »L'expectative sur l'Ostfrise en faveur de l'électeur palatin pour le duché de Neubourg et de Sulzbach n'a pas été goûté et l'empereur pense que l'Ostfrise ne convient à personne mieux qu'à V. M. et qu'il faudrait trouver dans les Pays-Bas un équivalent pour l'électeur palatin« (vgl. P. K. III, 102).

wollte er von Säkularisationen nichts wissen[1]), und zweitens wollte er nicht, dass der preussische Besitz südlich über die Elbe hinausgriffe[2]): Pardubitz, Kollin, Kuttenberg, Czaslau, Chrudim und Hohenmauth weigerte er sich durchaus, an Preussen zu überlassen. Damit aber wäre den von Friedrich geplanten Erwerbungen ihre für den König entscheidende Eigenschaft als Angriffsposition genommen worden, sie wären zu einer, nur vom Lauf der oberen — wie die Folgezeit lehrte, sehr schwer zu bewachenden und verteidigenden — Elbe begrenzten Position von recht zweifelhaftem strategischen Wert geworden.

§ 4. Abschluss des Verhandlungen.

Es wurde lange resultatlos hin und her verhandelt, bis endlich am 11. April der König Klinggräffen das preussische Ultimatum zu stellen befahl[3]). Bezüglich der Säkularisationen war es ihm allerdings schon recht, dass der Kaiser »diese Saite nicht anschlagen« wolle, »um nicht die Katholiken zu alarmieren«[4]); seine Pläne auf die drei böhmischen Kreise aber liess er nicht fallen. Er schickte Klinggräffen eine Karte, auf welcher von ihm eigenhändig die preussischen Forderungen zunächst in ihrem ganzen Umfang abgegrenzt waren, daneben aber durch eine zweite Grenzlinie derjenige Umfang der beabsichtigten Erwerbungen dargestellt war, an welchem der König unter allen Umständen festzuhalten entschlossen war[5]). Pardubitz und Kollin lagen innerhalb dieser zweiten Linie und der König erklärte, sie auf keinen Fall »missen« zu können: es sind die beiden Ausfallsthore in das linkselbische Böhmen, welche ihm selbst einige Monate später als Brückenköpfe dienten, als er sein Heer hinter der Elblinie in Kantonnierungsquartiere verlegt hatte.

Klinggräffen wurde angewiesen, zunächst noch einmal zu versuchen, ob nicht doch noch die »convenances« in ihrem weiteren Umfang durchzusetzen seien, zumal wenn, wie schon erwähnt, Preussen seine Ansprüche auf Ostfriesland an den Pfälzer abtrete; wenn das nicht möglich, das Ultimatum der drei böhmischen Kreise samt Kollin und Pardubitz zu stellen.

---

1) P. K. III, 90.
2) Droysen V, 2, 272.
3) Vgl. P. K. III, 89 ff.
4) Über Friedrichs Säkularisationsprojekte in den Jahren 1742 u. 43 vgl. den Aufsatz von Volbehr (Forschungen zur deutschen Gesch. Bd. 26, p. 265 u. 281).
5) Vgl. P. K. III, 89 u. 91.

In letzterer Gestalt sind dann auch die preussischen Forderungen in dem am 24. Juli zu Frankfurt unterzeichneten Vertrage[1]) angenommen worden, allerdings erst, nachdem Frankreich seine Zustimmung gegeben und seine diplomatische Unterstützung ausdrücklich versprochen hatte[2]). Darauf musste sich Karl Albert dann natürlich wohl oder übel fügen. Preussen übernahm dagegen die Verpflichtung, ganz Böhmen für den Kaiser zu erwerben und garantierte es ihm und seinen Erben (Art. 1)[3]), während es die Garantie für Oberösterreich nur mit der Klausel übernahm, »sobald Se. Kaiserl. Maj. es erobert und in Besitz genommen haben wird« (Art. 5). Und wie es mit diesen Aussichten stand, wusste Friedrich nur zu genau, wie er denn auch das Ansinnen, den Kaiser bei der Eroberung dieses Landes durch Entsendung eines Truppenkorps zu unterstützen, schon in der ersten Hälfte des April zurückgewiesen hatte[4]). In einem weiteren Artikel (6) des Vertrages versprach Preussen, in den abgetretenen Gebieten die katholische Religion erhalten zu wollen; in Art. 7 hatte Friedrich dafür gesorgt, dass nicht etwa neue Zollschranken zwischen dem abgetretenen Teil Böhmens und dem Rest des Landes errichtet würden[5]). In Artikel 8 verpflichtete man sich gegenseitig, die Waffen nicht ohne Zustimmung des andern Teils niederzulegen; im letzten Artikel endlich lud man den König von Frankreich zum Beitritt ein. Frankreich trat denn auch unter demselben Datum dem Vertrage bei, es versprach, »mit allen seinen Kräften auf die Geltendmachung und Ausführung aller in diesem Vertrage festgesetzten Artikel, Klauseln und Bedingungen« als Garant des westphälischen Friedens hinzuwirken[6]).

So nahm der König die alten, im Breslauer Frieden nur teilweise durchgesetzten territorialen Pläne wieder auf, wenn auch der Gunst der Lage entsprechend, in wesentlich erweiterter Gestalt: statt das einen böhmischen Kreises verlangte er jetzt deren drei und ausserdem die genannten hochwichtigen Positionen südlich der Elbe.

---

1) Vgl. Koch, Table des traités I, 399 ff., Artikel 2.
2) Vgl. Flassan, histoire de la diplomatie française V, 225 u. Droysen V, 2, 273.
3) Und zwar den ungeschmälerten Rest (Art. 4).
4) Vgl. P. K. III, 90.
5) Vgl. P. K. III, 150.
6) Vgl. Koch, Table — I, 403.

B. Die Feldzugspläne.

§ 1. Die Zeit nach dem Breslauer Frieden und die ersten Spuren offensiver Pläne.

Mit dem Friedensschluss zu Breslau war, Friedrich vom Schauplatz abgetreten, aber mit gespannter Aufmerksamkeit und wachsender Besorgnis verfolgte er den Gang der Dinge. Die Erblande des Kaisers fielen in die Hand der Österreicher, die französischen Truppen wichen seit dem Siege der pragmatischen Armee bei Dettingen nach und nach auf das linke Rheinufer zurück, während am rechten Ufer die österreichischen und ungarischen Regimenter erschienen. Die Trümmer des kaiserlichen Heeres waren Ende 1743 auf die Gastfreundschaft der Reichsstande angewiesen, Friedrich selbst beherbergte ein kaiserliches Regiment in Kleve [1]). Der Übermut Österreichs stieg soweit, dass es wagte, durch den ihm völlig ergebenen neugewählten Erzbischof von Mainz im Herbst 1743 seine Proteste gegen Karls VII. Kaiserwahl und die Legitimität des Reichstages zur offiziellen Diktatur bringen zu lassen, ein Schritt, welcher im Reiche eine gewaltige Aufregung hervorrief. Friedrich zögerte nicht einen Augenblick, Farbe zu bekennen: er liess durch seinen Komitialgesandten Pollmann in Frankfurt a. M. erklären, »solange das Haus Brandenburg stehen würde, würde es nicht zugeben, dass etwas gegen die Reichskonstitution, Freiheiten und Gerechtsame der Fürsten geschehe« [2]).

Auf österreichischer Seite vergalt man diese Schritte Preussens mit immer steigendem Hass und Argwohn: die Spannung zwischen den Höfen von Berlin und Wien wuchs [3]). In dieser Stimmung traf den König die Mitteilung, welche sein Gesandter im Haag, Graf Otto Podewils, unter dem 4. Februar 1744 von einem am 13. September zwischen Österreich, England und Sardinien abgeschlossenen Vertrage machte. Am 9. Februar war die Depesche in des Königs Händen [4]), und sofort zeigte sich ihre Wirkung. Noch im Januar hatte Klinggräffen, als er aus Frankfurt von einem Vorschlage der französischen Geschäftsträger am kaiserlichen und kurmainzischen Hofe, Lautrer und Blondel, berichtete, preussischerseits ein Lager bei Magdeburg zusammenzuziehen, während Frankreich

---

1) Vgl. Droysen V, 2, 168.
2) P. K. II, 442.
3) Die hist. de m. t. sagt darüber: C'etait une guerre sourde que je faisais à la reine de Hongrie, je lui suscitais des ennemis ou je le pouvais. (Publ. IV, 305).
4) Vgl. Droysen V, 2, 206, Anm. 2.

eine Armee ins Hannöversche senden wolle, den Bescheid bekommen: »Wenn sie erst wirklich marschieren werden, werde
ich an ein Kampement denken« ¹). Wirklich offensive Pläne
lagen mithin dem König noch fern, jetzt aber, einen Tag nach
Empfang jener Nachricht, schreibt er an Klinggräffen: »Wenn
die Franzosen in die hannöverschen Lande marschieren, dann
will ich nicht nur ein Kampement formieren, sondern noch
mehr thun« ²). Wir haben also hier die ersten Spuren wirklich
offensiver Pläne des Königs; er glaubte eben in dem Wormser
Traktat, besonders im zweiten und dreizehnten Artikel des-
selben, eine gegen Preussen und seine neueste territoriale Erwerbung gerichtete Spitze zu erblicken ³): eine Ansicht, der
entgegenzutreten die beiden Staatsminister Podewils und Borcke
in ihren darüber eingeforderten Gutachten vergebens sich be-
mühten ⁴).

§ 2. Verhandlungen mit den Franzosen und Kaiserlichen.

In diesen Tagen (11. Febr.) ⁵) traf der kaiserliche Feldmarschall Graf Seckendorff, von Dresden kommend, auf die
wiederholte Einladung des Königs in Berlin ein. Friedrich
weihte ihn zwar nicht völlig in seine Absichten ein, aber er
besprach mit ihm die Grundzüge des Feldzugsplanes: er er-
örterte den Plan einer französisch-schwedischen Diversion in
Hannover und an der untern Weser und gab ihm einige Gedanken betreffs der Kooperationen der französischen und kaiserlichen Armee an. Genaueres wissen wir nicht darüber⁶). Jedenfalls gab er ihm seine Geneigtheit zu erkennen, sich, falls gewisse

---

1) Vgl. P. K. III, 12.
2) Vgl. ebend. p. 25.
3) Vgl. P. K. III, 26, Anm. 3 und Broglie II, 130 ff.
4) Vgl. Koser, Friedr. d. Gr. I, 215, der mit Recht auf die Grund-
losigkeit der Befürchtungen des Königs hinweist. Anders Droysen V,
2, 208/209. Broglie a. a. O. II, 131/132 lässt die Frage offen, ebenso
Ranke, S. W. 29, 70/71; Dove VI, 1, 250/251 hält die Befürchtungen des
Königs für gerechtfertigt.
5) Vgl. Droysen V, 2, 205.
6) Vgl. darüber Disselnkötter, p. 87/88, der zeigt, welche von den in
der hist. de m. t. erwähnten Punkten nicht mit Seckendorff erörtert sein
können und den Anschauungen Droysens V, 2, 214 entgegentritt (vgl.
dazu das projet d'alliance, Publ. IV, 311, mit den »articles moyennant
lesquels ou pourra s'engager avec la France«, P. K. III, 143). Dass aber
Friedrich betreffs seiner Feldzugspläne Seckendorff doch mehr noch mitgeteilt hat, als Disselnkötter annimmt, zeigt ein ausführlicher Operationsplan (Geh. St. Arch.), den Seckendorff am 27. März mit dem Bemerken
einsendet, dass er unter Mitwirkung des Kaisers nach den Ideen verfertigt sei, welche ihn Friedrich während seines Aufenthaltes in Berlin

Vorbedingungen erfüllt seien, gegenüber Frankreich und dem Kaiser zu festen Engagements zu verstehen. Als erste und unerlässliche Bedingung bezeichnete der König dem kaiserlichen Feldmarschall gegenüber den vorherigen Abschluss einer Allianz mit Russland und Schweden, die ihm den Rücken decken sollte [1]).

Vor allem kam es darauf an, mit Frankreich, als der ungleich leistungsfähigeren Macht, anzuknüpfen. Bisher hatte es ein wenig zuverlässiges und zielbewusstes Vorgehen gezeigt, wie die fortwährenden Änderungen seiner Feldzugspläne zur Genüge zeigten. Zuerst hatte man offensiv in Flandern vorgehen und am Rhein sich auf die Defensive beschränken wollen. Dann war dieser Plan in sein Gegenteil verändert worden, Freiburg sollte belagert werden und ausserdem ein französisches Korps nach Hannover marschieren [2]). Jetzt eben [3]) meldete Klinggräffen, dass der vor Kurzem auf seinen Gesandtschaftsposten zurückgekehrte französische Diplomat Chavigny als das Resultat eingehender Beratungen seines Hofes ihm den Entschluss mitgeteilt habe, dass 80 000 Mann französischer Truppen unter Noailles und dem Grafen von Sachsen am Rhein agieren, eine ungefähr gleichstarke Armee an der Mosel unter Belleisle sich zusammenziehen sollte, dass die solange im Hafen von Toulon durch den englischen Admiral Matthews blokierte französische Flotte Befehl erhalten habe, die Anker zu lichten und die Flotten von Brest und Rochefort bereit seien, in See zu gehen.

Trotz seiner entschiedenen, für Frankreichs Eitelkeit teilweise recht unangenehmen [4]) Betonung seiner abweichenden Ansichten aber wollte der König doch die Fühlung mit Frankreich nicht ganz verlieren, und wie wir sagen müssen, er durfte es auch nicht. Denn wie, wenn Frankreich, falls seine beiden grossen Unternehmungen im Kanal und im Mittelmeer glückten, das spröde Preussen einfach bei Seite liegen liess und auf der Höhe seiner Erfolge nur seinen Vorteil wahrnahm, wobei dann

---

mitgeteilt habe. Derselbe ist zu dem schon viel zu sehr durch eine starke Berücksichtigung der Wünsche der Franzosen, die nichts Entscheidendes unternehmen wollten, gekennzeichnet, als dass man es wagen könnte, aus ihm die eigentlichen Eröffnungen Fr.'s an S. zu rekonstruieren. (Den von S. eingeschickten Operationsplan siehe auf p. 31 dieser Erörterungen).

1) Vgl. P. K. III, 122, Broglie II, 136.
2) Vgl. Pajol, Les guerres sous Louis XV, II, 373 ff.
3) Vgl. P. K. III, 30.
4) »Que je ne pouvais cacher à Chavigny que pour l'honneur de la France ou pouvait former des projets bien plus vastes que ceux qu'on a formés . . . .« (P. K. III, 32).

die Gelegenheit zu den genannten territorialen Erwerbungen, an welchen dem Könige. so sehr viel lag, verloren ging [1])? Oder wenn der französische Hof, falls die geplanten Unternehmungen nicht glückten, überdrüssig der grossen Opfer an Menschen und Geld, bei dem ungeheuren Steuerdruck, der auf dem Lande lastete und sich wegen der in den letzten Jahren von Fleurys Regime stattgehabten Missernten doppelt fühlbar machte [2]), der Stimme der Friedenspartei Gehör gab? Und diese Partei war noch immer am französischen Hofe und im Konseil mächtig genug, um als Faktor in alle politischen Berechnungen gezogen werden zu müssen [3]). Klinggräffen wurde uaher angewiesen, eine »Art von Unterhandlung« fortzuführen, dm, wie der König selbst es ausspricht, eine Pforte offen zu haben, falls man sich Frankreich ernstlich nähern wolle [4]).

Diese Annäherung schien mit der wenige Tage nach dieser Weisung erfolgenden Sendung Rothenburgs an den französischen Hof greifbare Gestalt gewinnen zu sollen.

Es war kein »Diplomat von Fach« [5]), welchen der König mit dieser Mission betraute, aber schwerlich hätte er eine geeignetere Wahl treffen können. Es galt vor allem, überhaupt erst den französischen Hof kennen zu lernen, festzustellen, wer an diesem Hofe die Fäden der hohen Politik in seiner Hand vereinte [6]). Rothenburg hatte verwandtschaftliche und freundschaftliche Beziehungen zu den einflussreichsten Personen bei Hofe und besass eine gründliche Kenntnis des Bodens, auf welchem er sich zu bewegen hatte [7]). Ihm musste eine Orientierung leichter werden wie jedem Andern.

Ungemein günstig für das Gelingen von Rothenburgs Mission war auch die Zeit, zu der er in Paris eintraf. Es war in den ersten Tagen des März. Frankreich hatte soeben mit den beiden grossen Unternehmungen, deren Ausführung ganz Europa mit Spannung verfolgte, ein ziemlich klägliches Fiasko

---

1) Rothenburg berichtet am 9. März (G. St. A.): Es könnte leicht sein, dass Frankreich mit seinen 300,000 Mann allein Maria Theresia zum Frieden zwänge, und dann werde Preussen aller etwaigen Vorteile verlustig gehen.

2) Vgl. Dove a. a. O. p. 81.

3) Vgl. Broglie II, 187 u. 205.

4) P. K. III, 32. Broglie II, 167.

5) Vgl. Broglie II, 178, Ranke S. W. 29, 94 ff.

6) Broglie II, 180: »Frédéric voulait savoir avant tout à qui on pouvait parler à Versailles avec une chance sérieuse d'être écouté de se faire croire et d'obtenir un échange de promesses suivies d'effet . . .«

7) Broglie II, 179: »Nul n'était plus familièrement admis que lui dans tous les cercles de la capitale, depuis les boudoirs des grandes dames jusqu' aux coulisses«.

gemacht. Admiral Roquefeuilles stattliches Geschwader, mit dem er sich vor Dünkirchen gelegt hatte, um die erste Hälfte des französischen Landungskorps, 9000 Mann, über den Kanal zu eskortieren, wurde durch einen Sturm auseinandergetrieben [1]), und die zwischen der englischen und der französch-spanischen Flotte am 22. Februar bei den hyerischen Inseln, vor dem Eingange in den Hafen von Toulon, stattgehabte Seeschlacht war, wie die jetzt nach Paris gelangenden genaueren Nachrichten besagten, durchaus kein Sieg gewesen [2]). Jetzt auf die Nachricht von der Absicht Frankreichs, durch einen Stuart das protestantische Haus Hannover in England zu verdrängen, machte plötzlich Hessen Schwierigkeiten, an Frankreich Truppen zu überlassen [3]).

So war in Paris auf die hochgespannten Erwartungen und Hoffnungen ein Zustand der Ernüchterung gefolgt, der Rothenburgs Absichten vortrefflich zustatten kam. Er verführte ihn aber auch wohl, mit seinen Forderungen schon jetzt hervorzutreten, während der König ihm eingeschärft hatte, die Franzosen »kommen« zu lassen [4]). Er verlangte Kriegserklärung gegen die Seemächte und nachdrückliches militärisches Vorgehen gegen sie, zweitens die Sendung von 40 000 Mann französischer Truppen »in die Nähe der hannöverschen Staaten, um dort nötigenfalls einrücken zu können« [5]).

Drei Tage darauf [6]) empfing Rothenburg durch Amelot, den französischen Staatssekretär des Auswärtigen, die Antwort. Sie lautete für die militärischen Wünsche Preussens durchaus nicht so günstig wie für die territorialen. Es hiess betreffs des Artikels 2: »man wünsche auch hier die preussischen Vorschläge zu berücksichtigen, und da die Königin von Ungarn beim Beginn der preussischen Operationen zweifellos den grössten Teil ihrer Truppen vom Rhein zurückrufen müsse, so werde in diesem Falle Frankreich seine elsässischen Armee rheinabwärts ins Herz von Deutschland dringen lassen, um mit Preussen gemeinschaftlich die für passend erachteten Operationen zu vollführen« [7]).

---

1) Vgl. Mémoires du duc de Luynes V, 357, 370.
2) Vgl. ebend. pag. 349, 351, 362, 364 u. 370.
3) Vgl. P. K. III, 60/61, 63, 64, 74 ff. Es hat dann später erst des Versprechens der Kurwürde und ansehnlicher territorialer Verheissungen bedurft, um es völlig zu gewinnen. Vgl. ebend. 122—124.
4) Vgl. P. K. III, 71.
5) Vgl. ebenda. p. 44, Anm.
6) Vgl. Droysen V, 2, 264.
7) Rothenburg berichtet am 16. März (G. St. A.): »Alors S. M. (L. XV) fera passer vers le bas Rhin son armeé d'Alsace pour se porter

Rothenburg selbst erschien freilich das bisher Erreichte im rosigsten Lichte, zumal er erfahren hatte, dass Ludwig XV. sich gegenüber dem Generallieutenant Grafen von Baiern, einem natürlichen Sohn des Kurfürsten Max Emanuel, auf Königswort und Kavaliersparole verpflichtet habe, die Waffen nicht eher niederzulegen, als bis der Kaiser völlig zufriedengestellt sei, dass Befehl gegeben sei, an die Hessen vier Millionen vorauszubezahlen [1]). Daher bat er schon jetzt um Vollmacht »um zu endigen« für sich und Chambrier, den ständigen preussischen Gesandten in Paris, mit der Bemerkung, das der König es ganz in seiner Hand habe, den Zeitpunkt seines Eingreifens auf die für seine Interessen passendste Zeit festzusetzen [2]). Auch fürchtete Rothenburg, durch längeres Verweilen am französischen Hofe unnötiges Aufsehen zu erregen, denn schon begann man in Paris über den Zweck seiner Anwesenheit allerlei Vermutungen anzustellen [3]).

Friedrich erhielt die ersten, vom 9. und 16. März datierten Depeschen Rothenburgs, als er gerade von einer Inspektionsreise durch Schlesien nach Berlin zurückkehrte [4]). Er sah die vermeintlichen Erfolge seines Generals mit ganz andern Augen an als dieser. Der König hatte Frankreich zuerst zur Aktion treiben, sich politisch wie militärisch frei Hand lassen wollen, und nun hatte sein Abgesandter in glatten Wendungen die Antwort bekommen, dass man erst nach dem militärischen Eingreifen der Preussen französische Truppen auf den deutschen Kriegsschauplatz zu werfen gedenke: also das genaue Gegenteil von dem was Friedrich gewollt.

Aber der König war nicht gewillt, die Freiheit des Handelns aufzugeben. Er wiederholte seine Weisung, die Franzosen kommen zu lassen, auf das Nachdrücklichste [5]) jetzt, wo die

---

dans le centre de l'empire à l'effet de contenir tous ceux dont on pouvait craindre la mauvaise volonté et de faire de concert les opérations qu'on jugera convenables«. Vgl. auch Broglie II, 207.

1) Vgl. Correspondance de L. XV et du maréchal de Noailles, ed. Rousset, II, 127; Droysen V, 2, 265.

2) »Vous serez le maitre Sire dans votre réponse de vous engager d'agir dans le temps que vous le pourrez et que vous le voudrez et qu'il sera le plus convenable pour vos intérêts, mais le roi de France veut être sûr de V. M. pour règler suivant les opérations militaires«. Aus der obenerwähnten Depesche Rothenburgs.

3) »on présume que mon voyage a pour objet un arrangement d'armée d'obser.ation dans l'empire et je ferai même tomber ce bruit quand j'irai plus rarement à la cour jusqu' à ce que j'ai la réponse de V. M.« Ebend.

4) Vgl. P. K. III, 70.

5) Vgl. P. K. III, 71 und den drastischen Zusatz zu der Weisung, ebend. p. 73.

Sachlage sich so sehr zu seinem Gunsten verändert hatte. Denn Frankreich konnte, nach dem Scheitern seiner Unternehmungen im Kanal und im Mittelländischen Meer und überdies durch die Bitten und Drohungen der die spanische Politik völlig beherrschenden Elisabeth Farnese unaufhörlich zum Handeln gedrängt [1]), einem ernsten Waffengang mit Österreich und England kaum noch aus dem Wege gehen. Das Gleichgewicht lag, wie die Franzosen selbst gestanden, in Preussens Hand [2]). Zugleich gab der König seinerseits ausführlich die Bedingungen an, unter denen er bereit sei, mit Frankreich ein Abkommen zu treffen. Wieder betonte er an erster Stelle den vorherigen Abschluss einer Allianz mit Russland und Schweden und forderte Frankreich auf, durch seine offiziellen Vertreter in Petersburg und Stockholm, La Chetardie und Laumarie, die Bemühungen Mardefelds und Diestels, des preussischen Geschäftsträgers in Stockholm, zu unterstützen. Diese Bemühungen schienen damals so wenig aussichtslos, dass der König an eine eventuelle Unterstützung durch russische irreguläre Truppen denken konnte, wovon er sich allerdings weniger eine nennenswerte militärische, als vielmehr eine politisch wirkungsvolle Hilfe versprach [3]).

Den Versuchen der Franzosen, ihn schon jetzt zum Handeln zu treiben, setzte der König die Erklärung entgegen, dass er nicht vor dem Monat August agieren könne, weil die notwendigen Arrangements nicht vor dieser Zeit getroffen sein würden und die Allianz mit Russland und Schweden noch nicht geschlossen sei [4]). Diese Erklärung verfehlte freilich nicht, dem alten Misstrauen der Franzosen in die Ehrlichkeit seiner Politik neue Nahrung zu geben, denn der König forderte zugleich, dass Frankreich inzwischen den Feldzug mit der Belagerung Freiburgs schon eröffne. Dabei sollte es sowohl auf dem italienischen wie dem niederländischen Kriegsschauplatz mit Nachdruck vorgehen und seine an der Mosel konzentrierten Streitkräfte zu

---

1) Am 25. Oktober 1743 hatte L. XV einen Vertrag unterzeichnet, worin die französischen und spanischen Bourbonen sich gegenseitig festes Zusammenhalten gelobten. Unter Anderm versprach Frankreich seine Hülfe, um ganz Mailand und Parma für den Sohn der Königin Elisabeth von Spanien, Philipp Farnese, zu erobern, dafür zu sorgen, dass Gibraltar an Spanien zurückgegeben würde etc. Vgl. Broglie II, 188 u. 194. Martin, hist. de France 15, 265/66.

2) Vgl. Droysen V, 2, 253, Anm. 2.

3) Vgl. P. K. 47, 70, 84/85.

4) Er selbst sagt in der hist. de mon temps (Publ. IV, 313), dass dieser letzte Punkt ihm die Möglichkeit gegeben habe, die Ausführung seines Vertrages »unter diesem Vorwand« hinauszuschieben. Vgl. Disselnkötter a. a. O. p. 90.

einem Zuge nach Westphalen oder gleich direkt nach Hannover benutzen.

Dieser Punkt lag dem Könige ganz besonders am Herzen. Immer und immer wieder hat er in den folgenden Monaten, hat er noch von Böhmen aus die Franzosen gemahnt, diese Expedition zu unternehmen [1]), die eine Zeit lang durch schwedische Truppen in französischem Solde ausgeführt werden sollte [2]). Er sah in König Georg II. die Hauptstütze der pragmatischen Sanktion und die Seele des offenen und geheimen Widerstandes gegen alle Pläne und Unternehmungen Preussens. Er wusste ferner, wie geneigt Georg war, die Interessen Grossbritanniens den Rücksichten auf seine deutschen Kurlande nachstehen zu lassen [3]), und so glaubte er sich denn von einem Vorstoss der französischen Moselarmee ins Kurfürstentum Hannover hinein einen durchschlagenden Erfolg versprechen zu können. Im Jahre 1741 hatte es sich gezeigt, welchen Eindruck eine unmittelbare Bedrohung dieser Lande auf den englischen König hervorzurufen imstande sei: als damals Marschall Maillebois mit der französischen Nordarmee von der Maas her über den Niederrhein bis nach Westphalen vorrückte, hatte Georg II. sich sofort zur Neutralität verstanden [4]). Jetzt standen seine Truppen in den Niederlanden und waren, wenn jene Expedition unternommen wurde, von den Kurlanden so gut wie abgeschnitten; kein Zweifel, dass der englische König sich beeilen würde, Frieden zu schliessen, um sein wehrloses Land nicht der Willkür der Feinde preiszugeben. Freilich wäre es ein Friede gewesen, der zu der Stimmung des englischen Volkes in ausgesprochenem Gegensatz gestanden hätte, aber Friedrich glaubte in Georg den »Meister des englischen Volkes« zu erkennen [5]): eine Täuschung, welche zurückzuführen ist auf das beim König hervortretende Unvermögen, sich von dem innersten Wesen eines fremden, nicht nach dem Muster deutscher Territorien oder Frankreichs geleiteten Staates ein tieferes Verständnis zu bilden. Schliesst England Frieden, folgerte Friedrich weiter, so ist auch die Königin von Ungarn gezwungen, es zu thun, zumal wenn inzwischen Baiern von den Kaiserlichen zurückerobert und Böhmen in der Gewalt der preussischen Waffen ist. Er glaubte eben in den englischen Subsidien, den aus dem okkupierten Baiern erpressten Summen sowie den

---

1) Vgl. P. K. III, 44, 66, 72, 76, 132, 172, 174, 189, 193, 207 etc.
2) Ebend. pag. 32, 43, 72.
3) Ebend. pag. 229.
4) Vgl. Grünhagen I, 449; II, 91.
5) Vgl. P. K. III, 229.

Einkünften aus dem Königreich Böhmen die einzigen Hilfsquellen Maria Theresias zu erblicken [1]). Er verkannte, dass seiner Gegnerin in den nicht okkupierten Provinzen, namentlich in Ungarn, eine reiche Quelle an Volkskraft und Hilfsmitteln aller Art zu Gebote stand.

Aber er erwartete von der geplanten französischen Expedition noch weit mehr, vor allem glaubte er sich davon für das Verhalten Sachsens, »welches noch in allen Farben schillerte«, den besten Erfolg versprechen zu können. Mit einer feindlichen Armee nahe seiner Nordgrenze hätte Sachsen es niemals wagen dürfen, das Schwert zu ziehen und seine Regimenter nach Böhmen zu entsenden, um dort vereint mit den Österreichern den Preussen entgegenzutreten: ganz abgesehen davon, dass bei einer eventuellen Allianz zwischen Preussen und Russland Sachsen es mit Rücksicht auf seine in Polen durch Russland bedrohte Position nicht gewagt haben würde, sich offen auf die Seite der Königin von Ungarn zu stellen. Mochte ausserdem die lockende Aussicht auf den Erwerb böhmischer Gebietsteile [2]), wie Eger, das Ihre dazu thun, es in das Lager der Gegner Österreichs und Englands hinüberzuziehen.

Ferner hatte Friedrich an dem Marsch ins Hannöversche selbst ein unmittelbares, sehr naheliegendes Interesse. Er grenzte mit seinen rheinischen Provinzen unmittelbar an niederländisches Gebiet; dabei hatte er in Kleve nur sechs Bataillone, welche in Wesel lagen und nach seinen eigenen Worten kaum genügten, um die Stadt zu bewachen [3]); in seinen westphälischen Provinzen lagen auch nur zwölf Bataillone [4]). Wie, wenn es der in den Niederlanden zusammengezogenen starken pragmatischen Armee einfiel, einen Vorstoss, sei es auch nur mit einem starken Detachement, an den Niederrhein gegen jene preussischen Provinzen zu machen? So gut wie wehrlos ihrem Angriff preisgegeben, konnten sie leicht in ihren Händen eine ähnliche Rolle spielen wie Hannover in denen der Franzosen [5]). In der That war die Furcht vor einer solchen Invasion in jenen Provinzen sehr gross und fand einen beredten Ausdruck in den immer wiederholten Eingaben [6]) der »Geldrischen Kommission«

---

1) Vgl. ebendas.; vgl. auch die Äusserung des Königs gegenüber dem englischen Gesandten Mitchell, den 27. August 1756 (P. K. XIII, 297). Der König gedenkt hier durch die Winterquartiere seiner Truppen in Böhmen »die Finanzen der Österreicher in Unordnung und den Wiener Hof zur Vernunft zu bringen«.
2) Vgl. P. K. III, 150, Anm. 1.
3) Ebend. p. 235.
4) Vgl. Droysen V, 2, 218.
5) Vgl. P. K. III, 101 und 235.
6) G. St. A.

und der »Regierung zu Kleve« an das Generaldirektorium. Immer wieder musste der König sie zu beschwichtigen suchen; begreiflich genug, dass er die Franzosen unaufhörlich mahnte, den Marsch nach Hannover endlich anzutreten.

Ein anderer Fürst, welcher auf der Seite des Kaisers stand, war in gleicher Weise bedroht: der Kurfürst von der Pfalz, dessen jülich-bergische Besitzungen ebenso exponiert waren wie Kleve. Schon im Frühjahr 1743 hatte er an den Übergriffen der von den Niederlanden unter Arenberg und Stair an den Main marschierenden pragmatischen Armee erfahren, was es bedeute, sich auf die Seite der Antipragmatiker zu stellen [1]. Jetzt hatte er bis zu 11000 Mann zur bavaro-französischen Armee zu senden versprochen, natürlich nur, wenn Frankreich sie bezahle [2]. Sicherlich hätte er sie im Falle einer ernstlichen Bedrohung seiner niederrheinischen Besitzungen sofort zurückgezogen, um sich so gut es noch gehen mochte mit der Gegenpartei zu verständigen. Auch hätte er sich wohl von Anfang an schwerlich zu einer bindenden Zusage verstanden, wenn nicht in den von Preussen zu Frankfurt und Versailles vorgeschlagenen Operationsplänen stets auf das Nachdrücklichste die Sendung eines starken französischen Korps ins Hannöversche empfohlen worden wäre [3].

Auch die drei geistlichen Kurfürsten im Zaume zu halten schien diese Massregel sehr geeignet; gaben sich diese doch kaum Mühe, ihre österreichische Gesinnung zu verbergen. Am offenkundigsten trieb es der Mainzer, der erst gegen das Versprechen strenger Neutralität und der Zusicherung, jeden Übergang fremder Truppen bei seiner Stadt zu verhindern, die Franzosen bewog, Mainz nicht zu besetzen und es dann ruhig mit ansah, wie die Österreicher innerhalb des Bereiches der Festungsgeschütze eine Schiffbrücke über den Rhein schlugen [4].

Auch Klemens August von Köln hatte sich stets sehr wenig entgegenkommend gezeigt, obwohl man nichts unversucht liess, ihn auf die Seite des Kaisers, seines Bruders, hinüberzuziehen: der bairische Vicekanzler Baron von Braidlohn, welcher später in dieser Angelegenheit nach Bonn ging, erhielt eine stolz abweisende Antwort [5].

Franz Georg von Schönborn in Trier endlich hatte es überhaupt von Anfang an verschmäht, für die Sache des Kaisers

1) Vgl. Dove a. a. O. VI, 131.
2) Vgl. P. K. III, 240.
3) Vgl. ebend. p. 310.
4) Vgl. Droysen V, 2, 287.
5) ». . . . qu'il était assez Grand Seigneur pour n'être obligé de rendre compte à personne de ses actions«. Aus Klinggräffens Depesche vom 4. Juli. G. St. A.

eine Neigung zu zeigen, welche er nicht besass. Er allein hatte offen und ehrlich von Anfang an seine Sympathien für das Haus Habsburg bekundet, obwohl sein Land das erste gewesen wäre, auf welches die französische Moselarmee auf ihrem Marsch nach Hannover stiess [1]).

Da Friedrich sich aus all diesen Gründen von der französischen Expedition den glücklichsten Erfolg versprach, so trug er auch kein Bedenken, den Franzosen auf jenem Zuge seine Unterstützung anzubieten. Noch in den ersten Tagen des August, kurz bevor seine Regimenter sich gegen die Grenzen Sachsens und Böhmens in Bewegung setzten, gab er den Franzosen die Erlaubnis, seinen beträchtlichen in Wesel befindlichen Artilleriepark zu benutzen. Ferner stellte er ihnen im Bedürfnisfalle die Mindener Weserbrücke zur Verfügung und erklärte, nichts dagegen zu haben, falls sie in der Stadt selbst Magazine und Depots errichten wollten [2]).

Eine weitere Forderung des Königs Frankreich gegenüber war: die durch französische, hessische und pfälzische Regimenter zu verstärkende kaiserliche Armee solle, wenn die österreichischen Truppen infolge der preussischen Schilderhebung vom Rhein zum Schutze Böhmens herbeieilen würden, denselben auf dem Fusse folgen, um die günstige Gelegenheit, Baiern für Karl Albert zurückzuerobern, wahrzunehmen und bis Linz vorzurücken [3]).

Zugleich mit diesen Forderungen sandte der König eine kurze und bündige Darlegung seines Operationsplanes. »Wenn alles auf diese Weise geregelt sein wird«, so heisst es darin, »werde ich im Monat August mit einer starken Armee in Böhmen einrücken, werde Prag nehmen und versuchen, mich Budweis zu bemächtigen und werde auf Pilsen marschieren, wo ich die österreichische Armee schlagen werde, wenn ich sie auf meinem Wege treffe, um dann die Winterquartiere in Böhmen zu nehmen; wobei nicht zu vergessen, dass ich zur selben Zeit, wo ich in Böhmen einrücke, ein Korps von 24000 Mann nach Mähren senden werden, um Olmütz zu nehmen« [4]). Wir haben also schon hier die Grundlage des vielberufenen preussischen Operationsplanes für das Jahr 1744, wie er uns von nun an in häufigen Wiederholungen in der politischen Korrespondenz des Königs entgegentritt.

Unterdessen waren auch die Verhandlungen in Frankfurt weitergegangen. Chavigny, der dortige französische Vertreter,

---

1) Vgl. P. K. II, 386, 466, 484.
2) Vgl. P. K. III, 235.
3) Ebend. p. 72, Punkt 7 und 8.
4) Ebend. Punkt 5.

suchte sich betreffs des Vorwurfes über die steten Schwankungen der Feldzugspläne, den Klinggräffen gemäss der Weisung des Königs zur Sprache gebracht hatte, zu entschuldigen. Er gab zwar zu, dass man anfangs beabsichtigt habe, Mons zu belagern. Aber, so liess er sich vernehmen, seitdem der Marquis Fénelon, der französische Gesandte im Haag, versichert habe, dass die Holländer selbst für den Fall eines Sieges der Franzosen über die Engländer nicht gesonnen seien, mit Frankreich in Kriegszustand zu treten, solange dieses nicht die Barriere angreife, so habe man einem andern Plan den Vorzug gegeben. Dieser sei: Freiburg Mitte April zu belagern, dagegen in Flandern nur eine starke Observationsarmee aufzustellen, um die dort konzentrierten englisch-österreichischen Truppen in Schach zu halten, aber nicht offensiv vorzugehen, »um nicht ohne Not die Republik zu reizen« [1]. Hatte ferner der König in stachelnden Worten die Franzosen zu kräftigen Operationen treiben wollen, so erklärte Chavigny, Frankreich werde, »um zu zeigen, dass es nach nichts mehr als nach thatkräftigem Handeln verlange«, ausser den grossen Summen, welche es an Subsidien zahle, sein Kontingent zu einer Liga richtig stellen. Ausserdem werde es eine Arme von 40000 Mann an der Mosel zusammenziehen zu dem Zwecke, etwaige Massregeln Friedrichs, vielleicht ein Kampement bei Magdeburg, zu unterstützen; »man habe sogar daran gedacht«, dass dieses Korps ähnlich wie vordem Maillebois es gethan, auf Hannover marschieren könne [2].

Friedrich erklärte darauf, er könne sich über Chavignys Vorschläge erst äussern. wenn Feldmarschall Seckendorff in Frankfurt angelangt sei [3]. Zugleich trieb er diesen an, seinen langen Aufenthalt in Meuselwitz endlich abzukürzen, sich nach Frankfurt zu begeben und, wie er ihm schon in Potsdam geraten hatte, die im fränkischen Kreise zerstreut liegenden kaiserlichen Truppen zu sammeln und sie vor einem plötzlichen Überfall der Österreicher zu sichern [4].

---

1) Klinggräffens Depesche vom 18. Februar. G. St. A.

2) »qu'on assemblerait outre cela une armée sur la Meuse de 40. m. h. qui serviraiet à faire tel mouvement que V. M. voudrait et favoriserait ses démarches de contenance qu'Elle jugerait à propos de faire dans ses États indépendamment de l'armée confédérée, par exemple à Magdebourg, qu'on avait même pensé en France que cette armée de la Meuse pouvait prendre sa marche vers les frontières d'Hanovre, que tout cela dépendrait de V. M. comme Elle le trouverait bon.« Aus derselben Depesche. Dass übrigens bei der Erwähnung Magdeburgs an ein Kampement gedacht ist, zeigt der Vorschlag Blondels und Lautrers, über welchen Kl. am 11. Januar berichtete. P. K. III, 12.

3) P. K. III, 45.

4) Ebend. 59/60.

Am 27. März sandte Seckendorff denn auch endlich von Frankfurt aus seinen Adjutanten, den Grafen Günther Bünau, mit einem ausführlichen Operationsplan [1]) für die französischen und kaiserlichen Armeen ein.

Er hatte ihn, wie er schrieb, unter der persönlichen Mitwirkung des Kaisers nach den Ideen verfertigt, welche ihm der König im Februar während seines Aufenthaltes in Berlin mitgeteilt hatte [2]). Ein französisches Heer, so hiess es darin, werde in der Zeit vom 1. bis 15. April unweit Breisach über den Rhein gehen, unter sorgfältiger Beobachtung der Neutralität des schwäbischen Kreises in die vorderösterreichischen Lande einrücken und die Belagerung von Freiburg vornehmen. Zugleich sollten die im französischen Solde stehenden auswärtigen Truppen, überwiegend deutsche Regimenter, zu der kaiserlichen Armee stossen, welche dadurch auf 40000 Mann gebracht werden sollte [3]). Während der Belagerung Freiburgs könne die kaiserliche Armee allenfalls schon einen Vorstoss gegen den Main hin machen; die französische Armee sollte nach der Einnahme Freiburgs ostwärts bis an den Lech marschieren. Die Absicht war, wie es in dem Memoire hiess: »für Tirol besorgt zu machen und die hier etwa befindlichen feindlichen Truppen in Schach zu halten«, d. h. einen Einfluss auf die militärischen Vorgänge in Oberitalien auszuüben, wo Erfolge zu erringen den Franzosen der Spanier wegen so sehr am Herzen lag. Dieser Plan zeigte recht deutlich die Unlust der Franzosen, überhaupt mit Nachdruck auf dem deutschen Kriegsschauplatz vorzugehen [4]), auf dem sie in den letzten Jahren so schwere Einbussen erlitten hatte. Wie froh war man nicht in Versailles gewesen, als man die decimierten Regimenter endlich aus Böhmen und Baiern heraus wieder jenseit des Rheins hatte [5]). Daher war in diesem Plan auch nur die Rede von einem Marsche der Franzosen bis an den Lech, der die Position der Österreicher in Baiern kaum ernstlich gefährden konnte. Der kaiserlichen

---

1) Im G. St. A.
2) »ces mouvements se faisant en conséquence des projets dont le roi de Prusse a parlé au Maréch. de Seckendorff.«
3) Ebendas.: troupes impériales   15 000 h

„	étrangères	12 000
„	palatines	4 000
„	hessoises qui sont à la solde de l'empereur	3 000
autre corps de troupes hessoises		6 000

40 000 h.

4) Vgl. Correspondance de Louis XV et du maréchal de Noailles II, 118.
5) Vgl. Broglie II, 174, Ranke S. W. 29, 119.

Armee war die Aufgabe zugewiesen, während dieser Zeit und in steter Fühlung mit den Franzosen auf die Oberpfalz zu marschieren und sich in ihren weiteren Operationen nach denen der Preussen zu richten [1]). Eine zweite französische Armee sollte ausserdem Mons belagern, eine dritte an der Mosel sich konzentrieren, »um die Absichten Sr. Majestät des Königs von Preussen zu unterstützen«: eine Anspielung auf die gewünschte Expedition nach Hannover. Für die von Friedrich beabsichtigten Operationen hatte man in dem Memoire den Raum freigelassen und den König gebeten, ihn auszufüllen [2]). Auch hatte man sich bereit erklärt, etwaigen, von ihm gewünschten Zusätzen und Änderungen gern Gehör geben zu wollen, da ja der entscheidende Schlag von Preussen geführt werden würde [3]).

Friedrich vermisste in dem eingesandten Operationsplan die Berücksichtigung der etwaigen feindlichen Gegenoperationen. Wenn darin über die französischen Operationen wie über bereits fest vereinbarte und unzweifelhaft eintretende gesprochen war, so erklärte er ganz offen, die Franzosen möchten doch erst Freiburg wirklich belagern, erst dann könne man klar sehen betreffs der österreichischen Feldzugspläne, erst dann könne man einen vollständigen, auch die gegnerischen Operationen berücksichtigenden Plan entwerfen [4]). Es ist wieder das alte Misstrauen des Königs in Frankreichs ernstlichen Willen, etwas Thatkräftiges in Deutschland zu unternehmen. Fast jede Seite der politischen Korrespondenz des Königs in diesen kritischen Monaten enthält daher die Aufforderung an die Franzosen, energische Anstrengungen auf dem deutschen Kriegsschauplatz zu machen.

Ausserdem betonte der König wiederum, dass bevor er nur irgend etwas unternehmen könne, er notwendig mit Russland und Schweden im Klaren sein müsste, und vor Anfang oder Mitte Mai, so liess er sich vernehmen, könne diese Angelegenheit kaum geregelt sein.

Erst wenn alle diese Bedingungen erfüllt wären, so beschied er Seckendorff, wolle er im Monat August den Schild erheben.

---

1) ». . . ou espère que S. M. les exécutera de Son Côté comme Elle peut aussi être assurée que l'armée impériale s'y conformera dans les opérations ultérieures«.

2) Vgl. P. K. III, 75.

3) ». . . comme le coup décisif dépend d'Elle et que tout cela tire son origine des lumières de V. M., il est juste qu'on laisse à Sa décision s'il y a quelque chose à changer ou ajouter aux opérations qui regardent la France et nous autres, on se conformera en tout à ce que V. M. trouvera à propos«.

4) Seine Antwort ist vom 31. März (P. K. III, 74 ff.).

Er entwickelte auch ihm gegenüber seinen Operationsplan [1]), wie er es in der gleichzeitigen Weisung an Rothenburg gethan hatte, nur dass er hier die Absicht kundgab, ausser Budweis noch Tabor zu besetzen. Bis zum Eintreffen der kaiserlichen Armee vor Linz hoffte der König imstande zu sein, an die Donau zu marschieren, »um den rechten Flügel seiner Armee daran zu lehnen«. Hatte er so die in Seckendorffs Operationsplan nur sehr allgemein ausgedrückte Bestimmung der kaiserlichen Armee scharf formuliert, so that er dasselbe bezüglich des französischen Moselkorps, welches nach Seckendorffs Vorschlag dazu dienen sollte, »die Absichten Sr. Majestät des Königs von Preussen zu unterstützen«. Er verlangte, dass, sobald die preussischen Regimenter ihren Marsch anträten, dieses Korps nach Westphalen und Münster, oder besser noch direkt ins Hannöversche marschiere.

Es ist ein, leider unvollständiges Schriftstück von des Königs Hand erhalten [2]), welches die in Seckendorffs Plan vermissten eventuellen Gegenoperationen der Österreicher und die von den Alliierten zu ergreifenden Gegenmassregeln erörtert. Es ist undatiert, lässt sich aber hier ohne jeden Zwang einschieben [3]).

Der König fasst darin zuerst den Fall ins Auge, dass die österreichische Hauptarmee auf Freiburg marschiere und ein Beobachtungskorps von 15 000 Mann bei Pilsen lasse. Er setzt hier als gewiss voraus, dass Sachsen nach dem Abschluss der Tripelallianz zwischen Preussen, Schweden und Russland und auf die Nachricht des Bündnisses zwischen Frankreich, dem Kaiser und Preussen sich den Verbündeten anschliessen werde, um einige ihm passende Stücke von Böhmen zu bekommen. Für diesen Fall giebt er eine bis ins Kleinste gehende Beschreibung der von ihm beabsichtigten Schritte. Er will seine Armee möglichst schnell sammeln: die preussischen, pommerschen und magdeburgischen Regimenter sollen wie zur Revue sich bereit halten, erstere dazu bei Marienwerder ein Lager beziehen; dann sollen alle plötzlich Marschordre empfangen, die märkischen und pommerschen Regimenter sollen sich jenseits Peitz sammeln, die preussischen über Glogau, die schlesischen über Sagan marschieren. In der Gegend von Zwickau oder noch etwas weiter südlich soll die Armee sich versammeln, um über Melnik auf Prag zu marschieren.

---

1) P. K. III, 76.
2) Mitgeteilt P. K. III, 136/137.
3) Das Aktenstück hätte in der Pol. Korr., anstatt Mitte Mai ergehenden Weisungen als »chronologisch nicht näher bestimmbar« eingereiht zu werden, wohl besser 1½ Monat früher, neben No. 1373 Platz gefunden.

Da das schwache österreichische Beobachtungskorps ihm doch nicht den Übergang über die Elbe wehren könne, so würde es sich wahrscheinlich eiligst nach Prag werfen, um dort die herannahende Hauptarmee zu erwarten. In diesem Fall ist der König entschlossen, die Stadt auf beiden Moldauufern zugleich anzugreifen und hofft, sie in zwei Wochen zu nehmen. Dann will er den Zug nach Süden antreten — er nennt hierbei, um die Richtung anzugeben: Pisek — und sich auch noch des unweit Budweis gelegenen Schlosses Frauenberg bemächtigen. um dort Brücken über die Moldau zu schlagen. Er giebt hier auch die Absicht an, Budweis und Tabor zu befestigen und Magazine dort anzulegen; ein neuer Beitrag zur Beurteilung des Wertes, welchen der König auf den Besitz dieser südböhmischen Positionen legte. Den Seckendorff mitgeteilten Plan, bis an die Donau zu marschieren, um den rechten Flügel seines Heeres daran zu lehnen, führte er dahin weiter aus, dass er die Absicht kundgab, in einem zweiten Feldzuge mit den Kaiserlichen zusammen auf Wien zu marschieren, um den Österreichern »den Fuss auf die Gurgel zu setzen«. Es erhellt hieraus, dass der König von vorne herein auf zwei Kampagnejahre rechnete und sich nicht der Hoffnung hingab, in einem Feldzug die Entscheidung herbeiführen zu können. Falls es die österreichische Armee nicht auf eine Schlacht ankommen lassen wollte — bisher hatte er stets das Gegenteil angenommen —, dann müsse sie, zwischen das kaiserliche und das preussische Heer eingekeilt, auf das linke Donauufer zurückgehen, auf jeden Fall aber Böhmen räumen. Es würden dann wahrscheinlich 10—12000 Mann von der in Italien stehenden Armee sowie ungarische Truppenteile zu ihr stossen, da heisse es also für den nächsten Feldzug sich vorsehen. Wenn die österreichische Hauptarmee ruhig in Baiern stehen bleibt, will er erst nachdem die Kaiserlichen bis zur Oberpfalz vorgedrungen sind, in Böhmen einfallen und meint, dass es dann zu einer Schlacht an den Ufern der Elbe kommen werde. Wenn die geschlagenen Österreicher sich nach Prag zurückziehen, will er sie im Verein mit den Kaiserlichen dort einschliessen; wenn sie sich auf Tabor wenden, gedenkt er ein Korps abzusenden, um Prag zu nehmen und den Feind noch vor Eintritt des Winters aus Tabor zu verjagen.

Jetzt, nachdem ihm der König den Vorwurf gemacht hatte, in seinem Plane die Gegenoperationen der Österreicher nicht berücksichtigt zu haben, äusserte sich auch Seckendorff[1] aus-

---

1) Er schreibt am 7. April an den König (G. St. A.): »touchant le plan d'opération, S. M. J. dans un raisonnément qu'Elle a envoyé à Paris même avant d'avoir fait le dernier plan, a pris en considération ce que

führlich über diesen Gegenstand. Die soeben erörterten Ausführungen des Königs scheinen ihm dabei nicht vorgelegen zu haben. Er war der Ansicht, dass die Österreicher zum Schutze Freiburgs entweder ein starkes Truppenkorps entsenden oder eine starke Besatzung hineinwerfen würden. Diese Verstärkung aber, so meinte er, würde nicht mehr zur rechten Zeit eintreffen können, wenn die Franzosen, wie Chavigny unausgesetzt versichere, bis zum 15. April den Rheinübergang bewerkstelligten[1]). Freiburg aber, welches also gegen Ende April eingeschlossen sein werde, könne sich kaum einen Monat halten, daher könne schon zu Anfang Juni der geplante Vormarsch auf die Oberpfalz, beziehungsweise den Lech, erfolgen. Seckendorff konnte es sich jedoch auch bei dieser Gelegenheit nicht versagen, sich über den so späten Zeitpunkt der preussischen Schilderhebung zu äussern. Er sprach die Befürchtung einer Schlappe für die französische und kaiserliche Armee aus, falls Preussen seine Operationen nicht eher beginnen wolle: verharre man nach der Einnahme Freiburgs in Unthätigkeit, so würden die Österreicher Gelegenheit finden, sich zu verstärken[2]).

Während dieser Verhandlungen hatten die Franzosen noch immer keine Anstalten gemacht, den Rhein zu überschreiten. Wieder äusserte der König sein Misstrauen: »Die Franzosen passieren nicht den Rhein, wie sie versprochen haben, es ist kein Verlass auf sie«, so schrieb er an Seckendorff am 28. April[3]). Dieser suchte ihn mit der Nachricht zu beschwichtigen, dass die französische Belagerungsartillerie in Hüningen, Breisach und Strassburg bereit stehen sollte, um »falls man es für gut finde« im Monat Juni — anstatt Mitte April — Freiburg belagern zu können. Diese auffallende Verzögerung der Belagerung Freiburgs entschuldigte er damit, dass

---

l'ennemi pourra faire contre et si on n'a pas joint ces considérations au dernier plan, on a cru qu'on n'avait pas besoin d'aggrandir le projet par ce détail puisqu'on est persuadé que V. M. Elle même en sait plus que nous tous, et en effet selon les sentiments de V. M. on n'en peut pas bien juger avant que les Français aient ouvert la campagne par les sièges de Fribourg et de Mons.«

1) »tant qu'on peut deviner présentement des dispositions que les Autrichiens font en établissant des magazins le long du Neckar et du Danube on pourra avoir dessein de faire marcher un grand corps de troupes pour couvrir Fribourg et en empêcher le siège ou y jeter au moins une forte garnison.« Aus derselben Depesche.

2) Ebendas.: Ausserdem würden Köln, Trier und Mainz gefügiger werden, »si après la prise de Fribourg et de Mons. ils verront que V. M. se declare en faveur de l'Empereur et on les obligera bon gré mal gré de s'associer à cette ligue formidable.«

3) Vgl. P. K. III, 110.

man französischerseits wahrscheinlich erst den Erfolg der Operationen in Brabant abwarten wolle oder überhaupt einen offenen Feldzug im Interesse der allgemeinen Sache für erspriesslicher halte, »weil man dadurch die Diversionen der Alliierten und Konföderierten begünstige und mehr feindliche Streitkräfte beschäftige als durch die Belagerung Freiburgs, welche viel Zeit in Anspruch nehme und eine ganze Observationsarmee beanspruche; dadurch aber verzettele man seine Kräfte« [1]).

Für Friedrich waren diese Entschuldigungen nur allzu durchsichtig. Sie bewiesen ihm, was schon Senkendorff's Depesche vom 7. April gezeigt hatte [2]), dass die Franzosen zögerten, etwas Entscheidendes zu unternehmen, bis er aus der bisher beobachteten Zurückhaltung herausgetreten sein werde.

Unterdessen hatten auch die Verhandlungen in Versailles ihren Fortgang genommen und zwar in einem schnelleren Tempo als man es nach den bisherigen Erfahrungen erwarten konnte. Rothenburg hatte im Verein mit Chambrier, im Sinne der Weisungen des Königs vom 30. März weiter gearbeitet und konnte bald mit Genugthuung auf seine Erfolge blicken. Frankreich liess der Kriegserklärung gegen England (15. März) die gegen Österreich folgen (26. April) [3]); Ende April wurde der Staatssekretär des Auswärtigen, Amelot, einer der Hauptvertreter der Friedenspartei am französischen Hofe, entlassen; als seinen mutmasslichen Nachfolger bezeichnete man den bisherigen Gesandten in Frankfurt, Chavigny, einen intimen Freund Rothenburgs [4]). Ludwig XV. selbst schien gewonnen zu sein und den Groll wegen des Breslauer Friedens überwunden zu haben [5]). Rothenburg hatte mit der Chateauroux und dem König eine vertraute Unterredung, in deren Verlauf Ludwig äusserte, »dass gegenwärtig die Angelegenheit von König zu König verhandelt werden würde und nichts sie entzweien könnte und dass er auf den König von Preussen als auf einen guten und treuen Freund rechne« [6]). Der französische König hatte dabei, wie Rothenburg berichtete, den Wunsch, die ganze Sache als von sich, ohne Mitwirkung der Minister, ausgehend zu betrachten [7]),

---

1) Aus der Depesche Seckendorff's an den König vom 30. April. (G. St. A.)

2) Vgl. vorige Seite.

3) Vgl. Pajol: Les guerres sous Louis XV, 2, 375 u. 378, Corresp. de Louis XV. et du maréch. de Noailles II, 134.

4) Vgl. P. K. III, 128; Droysen V, 2, 269, Anm. 2.

5) Vgl. Broglie II, 220.

6) Aus Rothenburgs Depesche vom 4. Mai. (G. St. A.)

7) Droysen V, 2, 269, Anm. 1.

eine Aufwallung monarchischen Ehrgeizes, die allerdings schnell
genug von der trägen Genusssucht zurückgedrängt wurde. Es
ist nicht unsere Aufgabe, zu untersuchen, was von diesen Erfolgen auf das Konto Rothenburgs zu setzen ist und was davon
etwa in Rücksicht auf Spanien geschah; König Friedrichs Pläne
waren jedenfalls durch diese Erfolge in Versailles ungemein
gefördert. Begreiflich, dass er in den verbindlichsten Worten,
sofort nach Empfang jener Nachrichten Rothenburgs, in Schreiben
an Ludwig XV., Noailles und auch an die Herzogin von Chateauroux seiner Genugthuung über eine so erfreuliche Wendung
der französischen Politik Ausdruck gab; Rothenburg glaubte er
das Lob nicht vorenthalten zu können, dass er seine Erwartungen übertroffen habe [1]).

Den Wünschen des Königs entsprach vornehmlich, dass
jetzt die förmliche Kriegserklärung Frankreichs an England und
Österreich erfolgt war. Bisher führte Frankreich den Krieg
ja nur als Auxiliarmacht des Kaisers [2]). Die über die Stellung
der Auxiliarmächte damals gültigen Vorstellungen hat man
folgendermassen formuliert: »Durch Kriegshülfe nimmt diejenige
Macht, welche solche leistet, wesentlichen Teil an den Feind-
seligkeiten der einen kriegführenden Macht. Sie wird also hier-
durch Feind der andern. Aber der europäische Völkergebrauch
erkennt sie dafür im vollen Sinne nur bei allgemeiner Kriegshülfe, bei partikulärer hingegen nur dann, wenn diese erst
während des Krieges versprochen worden war. ... Kriegshülfe
kann geleistet werden: .. partikulär: durch Sendung einer bestimmten Anzahl von Hülfstruppen oder Kriegsschiffen oder
von Subsidien an Geld und andern Kriegsbedürfnissen« [3]). Hier-
nach bestand also zwischen den Höfen von Versailles, Wien
und London bisher offiziell Friede, und um daneben auch den

---

1) Vgl. P. K. III, 128—131.
2) Vgl. Corresp. de Louis XV. et du maréch. de Noailles II, 99.
3) Ein wahrhaft klassisches Beispiel von der damaligen Ver-
breitung dieser Anschauungen findet sich in einem Bescheide der
pfälzisch-neuburgischen Regierung, deren Landesherr sich zu Beginn
des österreichischen Erbfolgekrieges mit Karl Albert verbündet und
ihm Hülfstruppen überlassen hatte. Als nun zu Anfang des Jahres
1742 der österreichische Feldmarschall Khevenhüller in die bairischen
Lande eindrang und auch dem genannten Herzogtum eine Kon-
tribution auferlegte, bekam er die Antwort: »dass daferne auch diese
Mannschaft (die pfälzischen Truppen) in andere Dienste überlassen werden
sollte, jedoch solches so weniger auf Hostilität anzudeuten und zu de-
terquieren sei, je weltkündiger es sei, dass ein Potentat dem andern
Hilfsvölker überlassen könnte, ohne dass jener dadurch in den Krieg,
worinnen dieser mit einem andern Hofe verfangen ist, eingeflochten
ist« ... (Mitgeteilt bei Thürheim, Graf Khevenhüller, p. 282.)

thatsächlichen Frieden herbeizuführen, bedurfte es nur eines einfachen Befehls an den kommandierenden General. Ein etwaiger Separatfriedensschluss war also dadurch sehr erleichtert. Anders aber, wenn der Krieg offiziell erklärt war und man sich ausserdem, wie ja Friedrich immer und immer wieder von den Franzosen forderte, mit dem Gegner kräftig engagiert hatte. Dann liessen sich die verwirrten Fäden der gegenseitigen Beziehungen nicht mehr durch einen einfachen militärischen Befehl, sondern nur in mehr oder minder langwierigen Verhandlungen lösen[1]). Daher konnte jetzt König Friedrich infolge jener Kriegserklärung mit Recht weniger besorgt sein wegen eines plötzlichen französischen Separatfriedensschlusses.

Am 3. Mai ging Ludwig XV. zur Armee ab[2]). Vorher hatte er von Noailles ein Memoire aufsetzen lassen, in welchem die militärischen Pläne der Franzosen erörtert waren[3]). Das Memoire entschied sich doch wieder für den Krieg in den Niederlanden mit der Motivierung, dass es infolge der auf Preussens Wunsch erfolgten Kriegserklärung an England geschehe. Es würden in den Niederlanden 100000 Mann, darunter 25000 Mann Kavallerie, in der Provence und Italien 40000 Mann unter dem Prinzen Conti, zwischen Mosel und Maas 20000 Mann unter Harcourt, im Elsass endlich und am Rhein 70 Bataillone und 100 Eskadrons unter Marschall Coigny agieren. Noch mehr Streitkräfte am Rhein aufzustellen, sei für jetzt unmöglich, da in allen Festungen Truppen nötig seien, ebenso an den Küsten, um Landungen der Engländer zu verhindern. Die kaiserliche Armee, welche höchstens 15—18000 Mann stark sei, könne vorläufig nichts weiter thun, als den Oberrhein bewachen und eine Verbindung zwischen den österreichischen Truppen im Reich mit denen in den Niederlanden verhindern; allenfalls könne sie einen Vorstoss bis an den Neckar machen, das würde aber an der Lebensmittelfrage scheitern. Man werde die österreichischen Truppen am Rhein solange festhalten, bis Preussen in Aktion trete, um ihnen dann auf dem Rückmarsch zu folgen; dabei müsse Ingolstadt von den Kaiserlichen genommen werden, um die Donau zu beherrschen. Mit dem Rest der Rhein- und der gesammten Moselarmee, zusammen 40000 Mann, werde man den Rhein hinabmarschieren, um die Wünsche des Königs von Preussen betreffs des Zuges

---

1) Vgl. Proglie II, 176.
2) Vgl. Corresp. de L. XV. et du maréchal de Noailles II, 130 u. 135.
3) Das Memoire befindet sich bei Rothenburgs Depesche vom 4. Mai im G. St. A. Der grösste Teil davon ist schon bei Droysen V, 2, 270 mitgeteilt.

nach Hannover zu erfüllen; wenn die Feinde dann von ihrer Armee in Flandern Truppen dorthin detachierten, so würde der französische König ein gleich starkes Korps von seiner Armee in den Niederlanden detachieren.

Darauf sandte Friedrich eine Darlegung seines, uns schon bekannten Operationsplanes nach Paris[1]): nur dass er hier die bisher nur im allgemeinen kundgegebene Absicht, sich Budweis' und Tabors zu bemächtigen, dahin präzisierte, dass er dies mit einem Detachement zu bewerkstelligen gedachte. »Mit dem Haupttheer,« so fuhr er fort, »werde ich den Feinden entgegengehen, von welcher Seite her sie auch kommen. Es ist anzunehmen, dass sie den Weg über Pilsen nehmen werden.« Dies letztere stimmt also wieder mit dem im März an Rothenburg gesandten Operationsplan überein, in welchem er ebenfalls für sicher annahm, dass der Feind über Pilsen kommen würde. Er empfahl hier Rothenburg, noch ganz besonders zu betonen, dass es unbedingt nötig sei, die österreichische Armee so lange festzuhalten, dass sie erst nachdem Prag von den Preussen genommen sei, in Böhmen erscheinen könne. Die Winterquartiere gedachte er längs der österreichischen Grenzgebirge zu nehmen. Er fasste hier in gleicher Weise, wie er es in seinen oben mitgeteilten »Reflexionen« gethan hatte, die Umstände ins Auge, welche seinen Feldzugsplan ändern könnten, nur dass er hier noch genauer die Zeit angab, zu welcher er den geplanten zweiten Feldzug eröffnen wollte: schon im März gedachte er sich auf die feindlichen Quartiere zu stürzen. Zugleich wies er auf den bisher noch nicht berücksichtigten Fall hin, dass der Prinz Karl von Österreich aus die Kaiserlichen vorn und zugleich in der Flanke von Tirol her durch ein Detachement der in Italien stehenden österreichischen Armee angriffe; er hielt es für dringend nötig, sich rechtzeitig in dieser Hinsicht über wirksame Gegenmassregeln zu verständigen. Gleichzeitig sprach er sich gegen den in dem Noailles'schen Memoire gemachten Vorschlag aus, dass die Kaiserlichen Ingolstadt belagern sollten. Er erklärte nochmals, dass sie ihre Zeit besser anwenden und bis Schärdingen und Braunau vorrücken könnten; »bei derartigen Unternehmungen,« äusserte er, »muss man die erste Überraschung des Feindes ausnutzen und ihm überhaupt nicht die Zeit lassen, sich davon zu erholen.«

Aber noch einen andern Punkt berührte der König in seiner Antwort: er betraf die Zeit der preussischen Schilderhebung. Rothenburg hatte in seiner Depesche vom 4. Mai gemeldet, dass

---

1) Vgl. P. K. III, 134 u. 135.

es den französischen Ministern »viel Mühe verursache«, sich an die Festsetzung derselben auf den August zu gewöhnen. Sie wünschten diesen Artikel (No. 4 des Noailles'schen Memoires[1]) so zu formulieren, dass Preussen mit 80 000 Mann im Monat August in Böhmen einrücken sollte, »und früher, im Fall dass der Vertrag Sr. Majestät des Königs von Preussen mit Russland und Schweden geschlossen und ratifiziert ist«. In dem Kontreprojekt, welches der König an Rothenburg sandte[2]), strich er die Worte »und früher« und gab dementsprechend gleich zu Anfang des Operationsplanes, welchen er zusammen mit jenem Gegenentwurf an Rothenburg abgehen liess, eine ausführliche Darlegung der Gründe, warum er nicht vor dem August in Aktion treten könne. Er führte aus: erstens, dass er keine Magazine an der böhmischen Grenze anlegen könne, weil Böhmen hier an sächsisches Gebiet stosse, zweitens, dass er vor dem August keine Fourage in Böhmen finden werde, drittens, dass eine beträchtliche Anzahl von Geschützen erst um diese Zeit aus den Giessereien kommen werde, und schliesslich, dass, weil vorauszusehen gewesen, dass seine Allianzen nicht vor dieser Zeit geschlossen sein könnten, alle militärischen Arrangements dergestalt getroffen seien, dass es unmöglich sei, sie zu beschleunigen, selbst wenn er es wolle.

Der erste der angeführten Gründe lässt sich leicht durch die nachfolgenden Ereignisse widerlegen: der König behalf sich so, dass er für zwei Monate Getreide auf der Elbe durch General Bonin nachbringen liess. Ebenso kann der zu dritt angeführte Grund kaum als entscheidend betrachtet werden bei der in ganz Europa schon damals als musterhaft anerkannten preussischen Heeresverwaltung; Friedrichs Armee war stets schlagfertig und er hatte nicht nötig, auf einige aus den Giesshäusern kommende Geschütze zu warten[3]). Der zweite Punkt aber musste in der That von Bedeutung sein. Der König drückt sich an einer andern Stelle hierüber auch so aus: er wolle die Scheunen gefüllt finden, und das war in jener Zeit von grosser Bedeutung. Man konnte damals infolge der Zusammensetzung der Heere aus Geworbenen noch nicht, wie es

---

1) Vgl. P. K. III, 131/132 Anm.
2) P. K. III, 131/132 Anm.
3) Von im Jahre 1744 neu gegossenen Geschützen sind nur zu erwähnen: 20 neue sogenannte Lingersche Zwölfpfünder, 4 cylindrische Sechspfünder, sowie 8 cylindrische Vierundzwanzigpfünder. Dagegen hatte der König schon in den Jahren 1741—43 100, nach andern über 160 Stück conischer Dreipfünder giessen lassen, welche 1744 mit ins Feld genommen wurden. (Bonin und Malinowsky, Gesch. der preuss. Artillerie II, 77, 80, 82).

später Napoleon that, in breiter Kolonne das Land zum Requirieren durchziehen, denn die Hälfte der dazu kommandierten Leute wäre gewiss auf Nimmerwiedersehen verschwunden, froh der Gelegenheit, sich dem verhassten Zwang zu entziehen. Es musste also die Sorge für die Errichtung hinreichender Magazine oder, wie Friedrich sich ausdrückt, für den Magen der Soldaten[1]) eine der Hauptaufgabe der damaligen Heerführer sein. Man bedenke ausserdem die unverhältnissmässige Stärke der damaligen Heere, namentlich des preussischen, an Kavallerie, ferner, dass jeder Offizier, auch der jüngste Infanterielieutenant, beritten war, dazu den zwar schon von Friedrich nach Möglichkeit beschränkten, aber trotzdem noch immer ungeheuren Tross, und man wird den Wunsch des Königs, die Speicher gefüllt zu sehen, begreiflich finden. Kein Zweifel, dass diese Erwägungen bei der Festsetzung der preussischen Schilderhebung auf den August thatsächlich nicht ohne Einfluss gewesen sind, wenngleich man auch nicht wird behaupten dürfen, dass sie allein entscheidend gewesen sind.

Der ausschlaggebende Grund ist in dem letzten Punkte der Antwort des Königs enthalten. Die Allianz mit den beiden nordischen Mächten, welche ihm den Rücken decken und vor allem dazu dienen sollte, das infolge seiner Verbindung mit Polen in seinen politischen Entschliessungen vom Petersburger Hofe stark abhängige Sachsen in Schach zu halten, war noch nicht geschlossen, und der König wollte, wie er stets und auch hier wieder betonte, das Schwert nur ziehen, wenn diese Allianz geschlossen sei.

In dem Vertrage zwischen Preussen und Frankreich, der endlich am 5. Juni zu Paris unterzeichnet wurde, ist denn auch die Zeit des Eingreifens der Preussen endgültig auf den Juni festgesetzt worden. Ferner verpflichtete sich Frankreich dem Wunsche Friedrichs gemäss[2]) in einem eigenen Artikel zum Schutze der westphälischen Provinzen Preussens im Fall eines Angriffes auf dieselben.

Zu derselben Zeit, wo man zu Paris den preussisch-französischen Vertrag unterzeichnete, begab sich der kaiserliche Feldmarschalllieutenant Graf Mortagne inkognito nach Pyrmont, wo König Friedrich damals weilte[3]). Mortagne war soeben aus Flandern zurückgekehrt, wohin ihn Karl Albrecht gesandt

---

1) Réflexions sur les projets de campagne. Oeuvres III, 76, XXVIII, 17, XXIX, 17.
2) Vgl. P. K. III, 134.
3) Über die Sendung Mortagnes vgl. Ranke S. W. 29, 105/6, Droysen V, 2, 277/78.

hatte, um Ludwig XV. einen kaiserlichen, von den Marschällen Seckendorff und Törring entworfenen Operationsplan zu überbringen. Der Plan beschäftigte sich hauptsächlich mit der unter Marschall Coigny im Elsass sich sammelnden französischen Armee, betreffs deren Verwendung zugunsten des Kaisers man Vorschläge machte [1]). Noailles hatte dem Plane seine »Bemerkungen« hinzugefügt, mit denen Mortagne nach Frankfurt zurück und von da unverzüglich nach Pyrmont ging. Das Memoire, welches er dort übergab, fasste zum ersten Mal während der bisherigen Erörterungen über die Feldzugspläne die für den Kaiser so wichtigen Fragen ins Auge, was zu thun sei, wenn die österreichische Armee einen Übergang über den Rhein versuche, wenn sie sich nach Flandern hin in Bewegung setze, wenn sie ruhig bei Heilbronn stehen bliebe.

Noailles hatte nur den letzterwähnten Fall ins Auge gefasst, weil sonst alle Last auf Frankreich fallen würde. Er war der Meinung, dass die französischen Truppen die Wirkung der preussischen Schilderhebung abwarten und dann erst über den Rhein gehen sollten. Zudem stellte er an den König eine ganze neue, kecke Zumuthung: er sollte Truppen auf Kleve und Ostfriesland hin in Bewegung setzen, um die Holländer in Schach zu halten und den Kurfürsten von Köln gefügiger zu machen [2]). In dem Memoire war die Hoffnung ausgesprochen, dass die preussische Armee schon Mitte Juni zusammen mit der dann voraussichtlich völlig gerüsteten kaiserlichen Armee ihre Operationen beginnen würde. Friedrichs wiederholt ab-

---

1) Der Kaiser war unruhig betreffs der Unthätigkeit Coignys. Klinggräffen berichtet am 3. Mai an den König (G. St. A.): »le comte de Bavière et le Sr. de Chavigny ont declaré pareillement avanthier à l'empereur qu'il ne devait point s'inquiéter, mais d'être persuadé que les troupes que la France assemblait en Alsace, n'étaient point destinés à se tenir dans l'inaction.« — Im P. S. zu seinem Bericht vom 9. Mai (G. St. A.) sendet Kl. einen Auszug des ihm mitgeteilten Planes ein, den Mortagne nach Flandern bringen soll. Coignys Korps soll sich an drei Orten aufstellen: 1) über den Rhein gehen bei Hüningen, 2) den Strom bei Strassburg überschreiten, 3) bei Fort St. Louis bleiben. 1) soll Alt-Breisach nehmen, ein Teil soll dableiben, um Freiburg zu »maskieren«, der Rest den Breisgau säubern. Dann sollen alle drei sich vereinen am Bach von Rastatt und nach Pforzheim marschieren. Der rechte Flügel kann sich an diesen Ort, der linke an Wegen aulehnen, wo am selben Tage die kaiserliche Armee eintreffen wird. Die Stellung ist völlig durch Wald und Wasser gedeckt, sichert die Verbindung mit Philippsburg und setzt die Armee instand, entweder über Lauffen nach Kanstatt oder nach Heilbronn zu marschieren etc.

2) Vgl. Rousset, Corresp. de Louis XV. et du maréchal de Noailles II, 144.

gegebene Erklärung, dass er nicht vor dem August agieren
könne, war also vollständig ignorirt.

Kein Wunder, wenn auf diese Zumutung hin Friedrichs
Misstrauen wieder wach wurde. Er erklärte noch einmal, dass
er erst betreffs Russlands klar sehen müsse, ehe er agieren
könne [1]. Er wiederholte ferner die Forderung, dass die Franzosen durch ihre Operationen die österreichische Armee solange
aufhielten, bis er Prag und wenn irgend möglich auch Budweis
und Tabor genommen habe; und das würde noch mindestens
zwei Monate dauern, wie er den Franzosen vorrechnete [2]):
sechs Wochen gebrauche er dazu, sein Heer zu sammeln und
wenigstens zwei, um Prag zu nehmen. Er gab hier auch offen
die Gründe an, wesshalb er Prag haben müsse: einmal der
Subsistenz und der Winterquartiere, sodann aber auch der
Sachsen wegen, die, solange Prag noch in den Händen der
Österreicher sei, nur zu geneigt sein würden, mit den Österreichern anzuknüpfen. Betreffs der Aufgaben der kaiserlichen
Armee aber setzte der König jetzt nach der Sendung Mortagnes
seine Forderungen erheblich herab. Während er ihr vordem
einen Marsch bis Linz und Kooperation in Böhmen zugedacht
hatte [3]), verlangte er jetzt nur noch, dass die Kaiserlichen und
Franzosen überall das Gerücht aussprengten, als beabsichtigten
sie, die Österreicher zwischen sich und die preussische Armee
einzukeilen. In Wirklichkeit aber sollte die durch Hessen und
andere deutsche, von den Franzosen gelieferte Regimenter ver-
stärkte kaiserliche Armee sich plötzlich auf Baiern wenden.
Betreffs der Expedition nach Hannover machte er jetzt, wo
man ihm selbst zugemutet hatte, Truppen auf Ostfriesland hin
in Bewegung zu setzen, den für die Franzosen am leichtesten
ausführbaren und plausiblen Vorschlag, dieselbe von einem zur
flandrischen Armee gehörigen Korps, welches bei Düsseldorf
den Rhein überschreiten könne, ausführen zu lassen. Auch die
bisher so stark betonte Forderung, dass zuerst Freiburg belagert
werden sollte, liess er jetzt fallen: er erklärte, es sei ihm gleich-
gültig, was die Franzosen sonst in der Zeit vor seiner Schilderhebung beginnen, ob sie im Verein mit den Kaiserlichen auf
das rechte Rheinufer gehen oder in Flandern durch kräftiges
Vorgehen den Prinzen Karl von Lothringen zu einer Detachierung
nach den Niederlanden nötigen würde. Ferner betonte er noch
einmal die Notwendigkeit dauernder französischer Subsidien für
den Kaiser und machte darauf aufmerksam, dass man sich doch

---

1) Vgl. den Brief Mortagnes an Belleisle Ranke loc. cit.
2) Vgl. P. K. III, 173 ff.
3) Vgl. p. 33 und 34.

thunlichst bald, womöglich schon im kommenden Herbst, über den Kriegsplan des nächsten Jahres einigen möge.

Der König hatte wieder die Notwendigkeit eines vorherigen Abschlusses mit Russland betont, ehe er ins Feld ziehen könne. Und bald trat die Zeit ein, wo er in die Lage kam, von dieser Bedingung Gebrauch zu machen. Gerade in den Tagen, wo er stündlich auf eine Depesche seines Gesandten in Russland, Mardefeldt, über den endlichen Sturz des verhassten russischen Grosskanzlers Bestuscheff wartete, traf ihn wie ein Donnerschlag die kurze, eilige Meldung Mardefelds, dass man in Russland am Vorabend einer Revolution stehe[1]). Am 5. Juli machte Graf Michael Bestuscheff, der damalige russische Gesandte in Berlin, die offizielle Mitteilung von der Ausweisung des Marquis de la Chétardie, des französischen Gesandten am Petersburger Hofe, welcher zusammen mit Mardefeld der englisch-österreichischen Partei das Gegengewicht gehalten hatte. Die offizielle Begründung der Ausweisung lautete: »Weil er gegen das Ministerium der Kaiserin intriguiert habe«[2]).

Mardefelds erste Depesche über den Vorfall war am 27. Juni in Berlin[3]), und sofort können wir ihre Wirkung erkennen. In dem Schreiben, welches der König am 28. an den französischen Marschall Noailles richtete[4]), sprach er ganz offen die Erwartung aus, dass seine Verbündeten »vernünftig« genug sein würden, für den Fall einer Revolution in Russland auf seine Schilderhebung zu verzichten; denn alle Operationen, welche er etwa unternehmen wolle, würden gänzlich »derangiert« sein, »wenn Russland ihm in den Rücken fiele«. In einem zweiten Briefe an Noailles vom 8. Juli[5]) erklärte er, inzwischen durch der russischen Gesandten von der erfolgten Ausweisung Chétardies benachrichtigt: falls die französische Partei am russischen Hofe durch den Schlag nicht ganz vernichtet und imstande sei, dem englisch-österreichischen Einfluss das Gleichgewicht zu halten, würde er seine Regimenter zum 15. August marschbereit halten. »Ist dies aber nicht der Fall«, so fuhr er fort, »so werden wir warten müssen bis wir günstigere Chancen in jenem Lande haben«.

Schon in den nächsten Tagen ersah er aus den Berichten Mardefelds, dass die Sachen in Russland nicht so schlimm standen, als es zuerst den Anschein gehabt hatte, dass keine

1) Vgl. Droysen V, 2, 282.
2) Ebend. p. 283.
3) Ebend.
4) Vgl. P. K. III, 189 ff.
5) Ebend. p. 205 ff.

Revolution zugunsten des kleinen Iwan, des unmündigen Gross-
neffen der verstorbenen Kaiserin Anna Iwanowna, oder seiner
Mutter, der vormaligen Regentin Anna von Braunschweig. erfolgt sei [1]). Jetzt war der geeignete Moment zu der geplanten
Schilderhebung, die im nächsten Jahr bei der Unberechenbarkeit
der russischen Zustände leicht vereitelt werden konnte.
Augenblicklich war hier, wie die nächsten Vorgänge bewiesen,
nichts zu fürchten. Die Verlobung der Prinzessin von Zerbst,
die Friedrich als auserkorene Braut des Gressfürsten Peter an
den russischen Hof geschickt halte, mit dem Grossfürsten-
Thronfolger wurde endlich proklamiert, dem Grosskanzler
Bestuscheff wurde der Graf Woronzow, welcher den preussischen
Interessen geneigt schien, als Vicekanzler zur Seite gestellt,
und, was am meisten geeignet war, zu beruhigen: die Milizen
und ein Drittel der Linientruppen wurden entlassen. Unter
diesen Umständen mochte es sogar, wie Mardefeld in seinem
Immediatbericht vom 23. Juli ausführte, gefährlich erscheinen,
den Waffengang mit Österreich noch länger auszusetzen. Zwar
war die Tripelallianz noch nicht geschlossen, aber sie hatte ja
überhaupt nur den Zweck gehabt, dass der König den »Rücken
frei« hätte, und dessen war Friedrich jetzt sicher oder glaubte
es wenigstens zu sein. Sachsen aber, von Russland nicht
daran gehindert, wagte später, sich seinen Gegnern anzu-
schliessen, und das zu einer Zeit, wo es ihm die schwersten
Verlegenheiten bereitete.

Zugleich mit jenen ersten Nachrichten aus Russland hatte
der König auch wichtige Nachrichten vom Rhein erhalten, wo
die Österreicher unter dem Prinzen Karl von Lothringen den
Franzosen und Kaiserlichen schon wochenlang gegenüberstanden.
Am 24. Juni hatte der Prinz aus Wien den Befehl erhalten,
über den Rhein zu gehen; sechs Tage darauf gelang es ihm,
die Rheininsel bei Stockstadt zu besetzen und bei Schröck,
oberhalb Germersheim, den Strom zu passieren [2]).

Mit diesem Rheinübergang der österreichischen Armee war
eine ernste Gefahr für eine der wichtigsten Positionen der
Franzosen, den Elsass, eingetreten. Sofort entschloss sich der
französische König, in eigener Person einen ausserordentlich
starken Sukkurs, 40000 Mann, von der Armee in Flandern auf
den Kriegsschauplatz am Rhein zu führen [3]). Friedrich wusste
sehr wohl, welchen Wert die französische Politik auf die Be-

---

1) Vgl. P. K. III, 214 ff.
2) Vgl. Droysen V, 2, 295; Pajol II, 387.
3) Vgl. Correspond. de Louis XV. et du maréchal de Noailles II, 165;
Pajol II, 394.

hauptung des Elsass legte; er konnte, als er von dem Rheinübergang der Österreicher hörte, zugleich sicher sein, dass jetzt
endlich Frankreich genötigt sein würde, den Schwerpunkt seines
Kampfes gegen die pragmatischen Mächte nach Deutschland zu
verlegen, wozu es bisher so wenig Neigung gezeigt hatte. Bisher konnte es ja auch kaum ein ernstliches Interesse daran
haben, mit Nachdruck am Rhein zu agieren, jetzt aber handelte
es sich darum, das eigene Land und noch dazu ganz besonders
wertvolle, nach langem, heissen Ringen gewonnene Gebiete vor
der feindlichen Invasion zu schützen. Diese Erwägung war wie
keine andere geeignet, den preussischen König zu überzeugen,
dass der Moment, den Schild zu erheben, gekommen sei. Sofort liess er denn auch seinen Minister Podewils nach Potsdam
kommen und teilte ihm als dem Ersten an seinem Hofe seine
Absicht, das Schwert zu ziehen, mit [1]).

Es kam noch anderes hinzu, was zum Handeln mahnte.
Am 4. Juli berichtete Klinggräffen, dass der kurmainzische
Diplomat Erthal täglich in Frankfurt erwartet werde: er werde
ohne Zweifel im Auftrage der Höfe von Wien und London
versuchen wollen, den Kaiser durch irgendwelche Anerbietungen
von Frankreich zu trennen [2]). Was dies für Vorschläge sein
würden, ging aus dem Bericht Klinggräffens über die Bemühungen der Holländer hervor: sie boten Karl Albert den
Frieden aufgrund der Hanauer Verhandlungen des Jahres 1743
an [3]). Zwar hatte der kaiserliche Diplomat Elsasser dies zurückgewiesen, und auch Klinggräffen meinte, man könne ruhig sein,
der Kaiser werde diese Bedingungen abweisen, denn er sei
erregter als jemals. Aber schon drei Tage später, am 7. Juli,
hatte er zu berichten, dass der Kaiser die Sache doch zu ver-
steckten Drohungen benutzt und offen gesagt hätte, jetzt sei
die Zeit gekommen, den grossen Schlag zu thun, da die
Österreicher den Rhein überschritten hätten. Benutze Preussen
eine solche Gelegenheit nicht, so sei er gänzlich verlassen und
sehe sich schliesslich gezwungen, den Anträgen der Gegner
Gehör zu geben, wenngleich er es nur im Falle der äussersten

---

1) Vgl. P. K. III, 201.
2) Klinggräffen den 4. Juli an den König (G. St. A): »Le Sr. de
Chavigny et moi ne doutons pas que les cours de Vienne et de Londres
ne servent de ce canal pour détacher l'Empereur de la France et de lui
faire des propositions d'accommodement.«
3) Sie gaben zu verstehen »qu'il serait à souhaiter que l'Empereur
voudrait pour l'amour de la paix accepter les mêmes propositions que
l'année passée, savoir la restitution de la Bavière et de l'Autriche an-
térieure.«

Not thun würde [1]). Hätte der König nicht schon aus sich
selbst heraus die entscheidende Wichtigkeit jenes Rheinüber-
ganges der Österreicher erkannt, so hätten ihm diese Vorgänge
die Augen öffnen müssen. Dass es galt, einen schnellen Entschluss zu fassen, zeigte die Meldung seines Ministers Podewils
in Berlin vom 8. Juli, dass der österreichische Gesandte in
Berlin, Graf Rosenberg, auf einige Tage nach Russland gehen
werde [2]), zeigte der Umstand, dass eben jetzt Maria Theresia
ihren früheren Gesandten am russischen Hofe, den Marchese
Botta, den angeblichen Anstifter jener Verschwörung in Russland, die ein Jahr zuvor soviel Staub aufgewirbelt hatte, auf
die Festung schickte, bewies die Meldung des preussischen Gesandten in Wien, dass in Böhmen die Milizen aufgerufen seien [3]).
Zudem begann sich jetzt in Ober- und Mittelitalien das Kriegs-
glück gegen die Austro-Sarden zu entscheiden, und in Flandern
kapitulierte eine Festung nach der andern vor den Franzosen,
die hier wieder ihre alte Meisterschaft im Belagern fester Plätze,
angefeuert durch die Anwesenheit ihres Königs im Feldlager
bewiesen [4]); zu gleicher Zeit machte der Herzog von Harcourt
eine drohende Bewegung gegen Mons und Charleroi hin. Wie
wenn jetzt Frankreich, wo das Glück ihm günstig war, überdrüssig des langen Zögern Preussens, in einem Separatabkommen,
ähnlich wie vordem Preussen es gethan, seinen Vorteil suchte?
Die eben jetzt erfolgte zweite Sendung des Holländers Twickel
an den französischen König wurde allgemein, selbst in Wien
so gedeutet [5]). Dazu kam noch, dass Podewills in diesen ent-
scheidenden Tagen, am 1. Juli, in einer Gesellschaft den österreichischen Gesandten zu dem sächsischen hatte sagen hören,
wenn die preussischen Rüstungen gegen Österreich gerichtet
seien, so werde das schliesslich nur der Königin von Ungarn
dazu dienen, Schlesien wieder zu gewinnen; sie werde dann
eben mit Frankreich und dem Kaiser um jeden Preis Frieden
schliessen [6]).

---

1) »il (der Kaiser) me fit encore entrevoir son embarras sur ce
que rien ne se finirait voulant parler des traités dont on laissait les unes
sans force et qu'on ne concluait pas les autres.«

2) Dies war um so auffälliger, als der russische Vertreter am Wiener
Hofe bereits seine Abberufung hatte. Podewils meinte es mit der beabsichtigten Erneuerung des russisch-österreichischen Defensivbündnisses
in Zusammenhang bringen zu müssen; vgl. Droysen V, 2, 284, Anm. 3.

3) d. d. 10. Juni; vgl. Droysen V, 2, 285, Anm. 1.

4) Am 4. Juni kapitulierte Menin, am 24. Ypern, den 29. Fort Knocke,
den 30. Dixmuyden; vgl. Martin, histoire de France XV, 269, Droysen
V, 2, 286, Ranke S. W. 29, 107.

5) Vgl. Droysen V, 2, 288, Anm. 1.

6) Vgl. Droysen V, 2, 284.

Alles dieses kam zusammen, um den König zu überzeugen, dass es jetzt an der Zeit sei, die abwartende Haltung aufzugeben und das Schwert zu ziehen; jetzt sandte er seine definitive Zusage[1]) an Ludwig XV.: »Am 13. August werde ich an der Spitze meiner Armee auf dem Marsche sein und am Ende des Monats vor Prag«. Zugleich aber betonte er wieder, dass Frankreich ihn nicht verlassen möge in einem Kriege, welchen er zum grossen Teil in Frankreichs Interesse und zu Frankreichs Ruhm unternehme. Dann wies er noch einmal nachdrücklich auf die »drei grossen Schläge« hin, die zu führen seien gegen Böhmen, Baiern und Hannover[2]), und empfahl dabei die Wahl Belleisles zum Führer der nach Baiern bestimmten Armee, sowie des energischen und entschlossenen Marschalls von Sachsen für das Kommando des gegen Hannover zu sendenden Korps. Er liess es nicht an stachelnden Worten fehlen, um den französischen König zu kräftigem Handeln zu treiben: so haben der grosse Condé, Turenne, Luxemburg und Catinat agiert und dadurch den französischen Truppen unsterblichen Ruhm, sich selbst einen über Zeit und Neid erhabenen Namen verschafft[3]). Und an Noailles schrieb er an demselben Tage: »Es geht um die Ehre und das Interesse Eures Königs, seine Verpflichtungen gewissenhaft zu erfüllen«. In diesem Briefe spricht sich auch weit deutlicher als in dem an den französischen König selbst gerichteten seine Besorgnis vor einem Separatfrieden Frankreichs aus. Er sagt: »ich leugne nicht, dass er (Louis XV.) einen augenblicklichen Vorteil in einem Separatfrieden finden könnte, aber wenn wir unsere Interessen recht verstehen, werden weder Sie noch ich uns trennen«. In den beweglichsten Worten stellt er ein Sonderabkommen als Undank gegenüber einem treuen Alliierten dar[4]).

Die Entscheidung war gefallen; zurück konnte er nicht mehr.

Kurz bevor seine Regimenter sich nach Böhmen hin in Bewegung setzten, sandte der König den Feldmarschall Schmettau

---

1) P. K. III, 207—209.

2) Dies letztere ist wieder ganz besonders hervorgehoben: »que je regarde comme l'article principal«.

3) Vgl. Ranke S. W. 29, 109. Man würde mit Unrecht die Worte, in welchen der König sich bei dieser Gelegenheit gegen die Defensive ausspricht, auf die Neigung des Königs zum »Bataillieren«, zum Suchen der Entscheidung durch die Schlacht zurückführen. Was er hier empfiehlt, ist das Manöver.

4) »je me flatte au moins de quelque gratitude de sa part et qu'il ne voudra pas abandonner dans les opérations les plus hasardeuses et difficiles un allié qui combat dans le fonds pour sa gloire et ses intérêts«.

nach Metz ins französische Hauptquartier, um die Ausführung der militärischen Verabredungen zwischen Frankreich und Preussen zu überwachen und die Franzosen zu kräftigen Operationen anzutreiben; von den politischen Vereinbarungen wusste Schmettau nichts [1]). Der ihm ertheilten schriftlichen Instruktion [2]) war genau der Inhalt des Bescheides zu Grunde gelegt, welchen der König nach der Besprechung mit Mortagne an Klinggräffen gesandt hatte. Nur beauftragte der König hier noch Schmettau dahin zu wirken, dass Frankreich, auch wenn der Kaiser wieder von seinen Erblanden Besitz ergriffen habe, mit der Subsidienzahlung an ihn fortfahre, weil er sonst seine Armee nicht unterhalten könne. (Art. 6). Auch wies der König Schmettau noch besonders an, zu veranlassen, dass die 9 bis 10000 Mann, welche der Pfälzer zum Heere des Kaisers zu stellen bereit war, mit französischem Gelde endlich mobil gemacht würden. (Art. 8).

Mitte August brach der König, wie versprochen, an der Spitze seiner Armee auf; am 2. September vereinten sich die drei Kolonnen des Heeres vor Prag und schon am 16. war die Stadt in des Königs Hand [3]).

§ 3. Der preussische Feldzugsplan und seine Durchführung bis zum Übergang über die Moldau bei Thein (3. Oktober).

»Nach der Einnahme von Prag«, so sagt der König in der Histoire de mon temps, »war es Zeit, die weiteren Operationen der Arme zu bestimmen« [4]). Wie wir sahen, waren sie längst, seit dem März, festgesetzt und seitdem sattsam erörtert worden. Der schliessliche Verlauf des Feldzuges entsprach dem ursprünglichen Plane nicht ganz: die Hauptarmee ist den unter Generallieutenant Graf Nassau gegen Budweis, Tabor und Frauenberg vorausgesandten Regimentern gefolgt, um dann bei Thein über die Moldau in der Richtung auf Pilsen hin einen Vorstoss zu machen [5]). In der Hist. de m. t. giebt der König als Grund an: »Der Kaiser, der König von Frankreich und besonders der Marschall Belleisle [6]) drangen darauf, dass ich meine Operationen

---

1) Vgl. P. K. III. 227.
2) Mitgeteilt P. K. III, 228—230.
3) Vgl. P. K. III, 286 u. 287.
4) Publ. IV, 327.
5) Die Armee rückte westlich von Thein bis gegen Wodnian und Protiwin hin. Vgl. Droysen V, 2, 335.
6) Publ. IV, 327. Die an Ludwig XV. gesandte Relation de ma campagne (Beihefte zum Militär-Wochenblatt 1877, p. 120) hat anstatt des französischen Königs und Belleisle die Namen Seckendorff und Schmettau.

auf Budweis, Tabor und Neuhaus dirigieren sollte, um eine Verbindung mit Baiern herzustellen und den Prinzen von Lothringer für Österreich besorgt zu machen durch die Besetzung dieser Posten, deren Unterlassung nach der Meinung der Franzosen den unglücklichen Verlauf ihrer böhmischen Kampagne im Jahre 1741 verursacht hatte«. Er erwähnt nicht, dass er selbst es gewesen war, der die Besetzung jener Orte schon im März vorgeschlagen und diesen Plan von da ab so oft wiederholt hatte, dass seine Alliierten mit Recht erwarten durften, dass er ihn ausführte.

Fragen wir nach den Ursachen dieser Änderung und betrachten zunächst die Gründe, welche den König bestimmten, überhaupt an die Besetzung jener südböhmischen Positionen zu denken.

Er konnte sich von Anfang an sagen, dass sein Plan, Budweis und Tabor zu besetzen, die Billigung der Franzosen wie der Kaiserlichen in hohem Masse finden würde. Im ersten schlesischen Kriege hatte sich die Wichtigkeit dieser Positionen klar gezeigt. Als im Jahre 1741 die bavaro-französische Armee von Linz aus anstatt auf Wien, wie Friedrich es wünschte, nordwärts auf Prag marschiert war, ohne sich dabei des Besitzes von Budweis und Tabor zu versichern und auch nach der Eroberung von Prag das Versäumte nicht nachgeholt hatte, setzte sich die österreichische Armee im Gebiet der oberen Moldau, von Budweis und Tabor bis hinüber nach Iglau, dermassen fest, dass die in Böhmen und Baiern stehenden französischen und kaiserlichen Korps den Zusammenhang vollständig verloren. Der französische General Segur musste in Linz kapitulieren [1]), im Januar 1742 besetzte der österreichische General Bärnklau die bairische Grenzfeste Schärdingen, Passau wurde genommen und damit der letzte Riegel entfernt, welcher den Österreichern noch den Einmarsch in Baiern versperrte [2]). Wenn König Friedrich jetzt diese Pässe besetzte, so hielt er mit Budweis den Ausgang der von Linz und Passau herführenden Pässe in seiner Hand und damit zugleich eine bequeme Verbindung mit Seckendorff, der, ja wie geplant, bis Passau vordringen sollte. Andererseits schnitt er damit dem Prinzen Karl von Lothringen die Möglichkeit ab, Verstärkungen und Lebensmittel aus Österreich zu erhalten. Auch wenn Seckendorff noch nicht bis Passau vorgedrungen war, so meinte der König doch der österreichischen Armee nur den Rückzug auf Oberösterreich offen gelassen zu haben [3]).

---

1) Vgl. P. K. II, 25, 27.
2) Vgl. Grünhagen II, 118.
3) Vgl. pag. 57.

In der Histoire de mon temps sagt der König, es wäre am besten gewesen, sich nicht weit von Prag zu entfernen und hier wie in Pardubitz grosse Magazine zu errichten, »aber«, so fährt er fort, »eine schlecht angebrachte Nachgiebigkeit liess mich auf die Wünsche des Kaisers eingehen und besonders, um zu vermeiden, dass meine Alliierten, wenn ich mich dicht bei Prag gehalten hätte, mich anklagten, dass ich nur daran dächte, mir den Besitz der drei an Schlesien grenzenden böhmischen Kreise zu sichern« [1]). Er vergisst hier wieder anzugeben, dass er betreffs seines Feldzuges überhaupt nicht mehr die freie Wahl hatte, dass er sich schon seit Monaten zu dem Zuge nach Budweis und Tabor verpflichtet hatte. In den angeführten Schlussworten aber sehen wir ganz deutlich, wie die territorialen Pläne des Königs sogar in den Feldzugsplan hinüberspielen: freilich nicht erst jetzt nach der Einnahme von Prag, wie man nach der Darstellung der Histoire de mon temps glauben sollte, sondern sicherlich schon bei dem Entwurf des Feldzugsplanes überhaupt. Er wollte ja für den Preis der Abtretung jener böhmischen Kreise dem Kaiser das ganze Königreich Böhmen erobern, er war vertragsmässig dazu verpflichtet; und konnte er das, wenn er sich überhaupt nicht von Prag entfernte? Ohnehin entsprach es durchaus der damaligen Art der Kriegsführung, wenn er sich in den Besitz möglichst vielen feindlichen Landes zu setzen suchte. Man denke nur daran, wie die Österreicher in Baiern verfuhren, wo sie sämtliche Einkünfte des Kurfürsten, alle Steuern und Gefälle in ihre Kasse fliessen liessen und die kriegstüchtige Jugend als Rekruten zu ihren in Italien stehenden Regimentern sandten. Daher man sich denn durch eine Kette von »Postierungen« längs der Grenze gegen eine solche Okkupierung möglichst zu sichern suchte.

Hatte der König selbst schon die Vorteile der Besetzung von Tabor, Budweis und Frauenberg lange bevor er ins Feld zog, eingesehen, so fehlte es jetzt nicht an Stimmen, welche ihn in dem einmal gefassten Entschluss und in der Wertschätzung jener südböhmischen Positionen noch bestärkten. Hierauf bezieht sich auch die erwähnte Stelle der Histoire de mon temps, die freilich diesen Ratgebern die ganze Schuld an dem so verhängnisvollen Zuge nach Süden aufbürdet. Feldmarschall Schmettau namentlich drängte fort und fort, nicht mit jenem Zuge zu zögern [2]).

---

1) Publ. IV, 328.

2) Schmettau war erst bei seiner Abreise ins französische Hauptquartier, Ende Juli, in die Pläne des Königs eingeweiht worden und hatte bis dahin nur höchst unklare Vorstellungen von dem, was der König in militärischer Hinsicht zu thun beabsichtige. Vgl. darüber Droysen V, 2, 293.

Er bezeichnete die Einnahme von Budweis als den Haupt-
streich des ganzen Feldzugsplanes. Er riet dem Könige, von
seinen 80000 Mann nur 50000 zur Belagerung Prags zu ver-
wenden und mit den andern 30000 sofort auf Budweis zu
marschieren, denn die Feinde würden »Tag und Nacht« Truppen
dahin senden, und hätten sie nur erst mit 15000 Mann sich
dort festgesetzt, so würde man sie nur sehr schwer von dort
verjagen können. Ausserdem würde es nicht fünf Kreise in
Böhmen geben, wo die preussische Armee, ohne beunruhigt
zu werden, ihre Winterquartiere aufschlagen könne [1]). In
seiner Depesche vom 30. August spricht er sogar die Erwartung
aus, dass der König bei Ankunft derselben — nach Schmettaus
Schätzung am 7. oder 8. September, also noch vor der Einnahme von Prag — schon im Besitze von Budweis und Tabor
sein werde, »denn«, so fährt er fort, »ich bin der Meinung,
dass wer mit einer schlagfertigen Armee Herr dieser Gegend
und der Verbindungen mit Prag ist, stets Herr des Königreichs
Böhmens sein wird«.

Er sandte ferner dem König in derselben Depesche eine
detaillierte, aus eigener Anschauung geschöpfte Beschreibung
jener Gegenden, die, um zu zeigen, dass Schmettau in der
That nicht wenig dazu beigetragen hat, den König in der
Wertschätzung jener Positionen zu bestärken, in einem Anhange
Platz finden möge.

Auch die in der Histoire de mon temps gegebene Nachricht,
dass Belleisle zu dem Zuge nach Budweis gedrängt habe, ist
nicht gänzlich von der Hand zu weisen.

Belleisle sprach oft mit Schmettau über den preussischen
Operationsplan; am 19. August schreibt Schmettau an den
König: »Belleisle bittet Ew. Majestät inständigst, keine Zeit mit
Budweis zu verlieren« [2]). Betreffs Prags erbot sich Belleisle,
dem Könige Nachricht zukommen zu lassen, wie er es nach
der Einnahme mit fünf oder sechs Bataillonen in Sicherheit
gegen äussere und innere Feinde setzen könne [3]).

---

1) Schmettau an den König, d. 13. August (G. St. A.). Noch stärker
drückt er sich in der Depesche vom 1. September aus: »dès qu'on donne-
rait le temps que seulement 8 à 10 m. h. des plus mauvaises troupes
soit d'Hongrois ou Cravates avec 2000 chevaux puissent se nicher dans
ce terrain, alors . . . il faudra beaucoup plus de ceremonies au lieu qu'
à présent il ne faut que mener avec soi 8 de ces pièces nouvelles de 24 livers
et 4 de 12 livres ou 6 mortiers et haubitzs avec 10 bats. et 50 escs. pours
se rendre d'abord maître de Budweis, Tabor et Wessely«.

2) G. St. A.

3) Schmettau an den König, d. 9. August (G. St. A.). Der König
liess in der That später nur 5 Bataillone unter Generallieutenant von
Einsiedel in Prag. Für des Königs Behauptung, dass Ludwig XV. und

Warum zog Friedrich aber mit der ganzen Armee auf
Budweis und Tabor, warum liess er es nicht bei der Sendung
eines starken Detachements bewenden?

Friedrich hatte ein Korps von 20 Bataillonen und 30 Eskadrons unter dem General der Infanterie von der Marwitz in
Oberschlesien zusammengezogen, um damit eventuell einen
Vorstoss nach Mähren hinein auf Olmütz zu machen[1]); in
Wirklichkeit aber diente das Korps, wie er selbst einmal offen
aussprach[2]), mehr dazu, Schlesien zu decken, als offensiv vorzugehen. Als sich nun infolge seiner Schilderhebung Tausende
von bewaffneten Bauern und Abenteurern jeder Art im österreichischen Teil von Schlesien um den gefürchteten Freibeuter
Kuchenbecker sammelten, in der offen ausgesprochenen Absicht,
Schlesien brennend und mordend heimzusuchen, als immer
neuer Zuzug aus Ungarn zu ihnen stiess und die Hannacken
bewaffnet wurden, gab der König auf den Antrag von Marwitz
den Zug nach Mähren hin vorläufig ganz auf[3]). Damit ent-
blösste er aber seine linke Flanke, welche Marwitz's Marsch
ins Herz von Mähren gegen Vorstösse irregulärer ungarischer
und mährischer Völker von Südost her genügend gedeckt hätte.
Wenn er jetzt noch daran festhalten wollte, Budweis und
Tabor zu nehmen, so musste er vor allem darauf bedacht sein,
dass nicht etwa von Südost her feindliche Truppen sich
zwischen ihn und seine nach Süden gegen Budweis und Tabor
entsandten Regimenter eindrängten und diese von der Hauptarmee abschnitten. So ist es zu verstehen, wenn der Kabinetssekretär Eichel am 23. September an den Minister Podewils
schreibt: Des Königs Majestät werden eine Position nehmen,
diese Entreprise (den Zug des Generallieutenants Grafen von
Nassau gegen Budweis und Tabor) mit Dero Armee zu
»decken«[4]).

Zudem liess der österreichische General Batthiany, der mit
20 000 Mann von Baiern aus auf die Nachricht vom Marsche
der Preussen nach Böhmen geeilt war, bei Kamcyk, ein paar

Seckendorff zu dem Zuge gedrängt, fand sich in den Akten kein Beleg;
in dem von Droysen V, 2, 311 Anm. 1 angeführten Bericht Schmettaus
vom 30. August konnte ich trotz wiederholter Durchsicht nicht ent-
decken, »dass der Kaiser und Seckendorff auch, nachdem die österreichische
Armee über den Rhein gekommen war, die schleunige Okkupation von
Tabor und Budweis forderten«. Die im Kgl. Hausarchiv befindliche
Korrespondenz des Kaisers lag mir nicht vor.

1) Vgl. P. K. III, 72 und 76.
2) Publ. IV, 324.
3) Vgl. P. K. III, 254.
4) P. K. III. 289.

Stunden oberhalb Prag, Brücken über die Moldau schlagen [1]);
es schien als wolle er auf das rechte Ufer des Flusses hinüber-
gehen, um sich die Verbindung mit Tabor und Budweis offen
zu halten. Wie leicht konnte er den irregulären Völkern aus
Ungarn und Mähren die Hand reichen und mit ihnen vereint
ein preussisches Detachement, das auf Budweis marschierte,
vollständig von der Hauptarmee abschneiden, um es dann mit
vernichtendem Schlage zu treffen. Es hätte eine ungewöhnlich
starke Heeresabtheilung sein müssen, welche den Marsch nach
Süden, tief ins innere des feindlichen Landes mit Aussicht auf
Erfolg hätte unternehmen dürfen. — Dadurch aber wäre wiederum das preussische Hauptkorps, welches nach dem Plan des
Königs sich mit dem herbeieilenden Heere des Lothringers in
offener Feldschlacht messen sollte, in äusserst empfindlicher
Weise geschwächt worden. Zudem mussten in Prag wenigstens
5000 Mann zurückbleiben, die nur eben genügten, den Posten-
dienst in der Festung zu versehen. War es da nicht ratsamer,
mit dem Gros der Armee dem Grafen Nassau auf seinem Marsch
gegen Budweis und Tabor zu folgen und von dort aus der
österreichischen Armee zur Schlacht entgegenzugehen? Budweis
und Tabor nehmen aber musste der König auf jeden Fall, er
hatte es ja seit Monaten unausgesetzt seinen Verbündeten versprochen. Unterliess er es, so musste er erwarten, dass auch
sie sich nicht mehr an ihre Zusicherungen, namentlich betreffs
des Zuges nach Hannover, binden würden, an welchem dem
Könige so viel lag. Ohnehin bezeugte jede Depesche Schmettaus
die Unlust der Franzosen, den Zug nach Hannover zu unternehmen. Einmal bekam er die Antwort, dass Westphalen »zu
fern« sei[2]). Dann wieder hiess es, man dürfe nicht in die
Fehler der Jahre 1741 und 1742, welche der französischen
Armee in Böhmen und Baiern so vieles Unglück gebracht hätten,
zurückfallen: man müsse Freiburg, Breisach, die Waldstätte,
Konstanz und Bregenz nehmen, die kaiserliche Armee müsse
sich Ulms und eines möglichst grossen Teils von Baiern mit
Einschluss von Passau bemächtigen, »dass man dazu weder

---

1) Die Relation de ma campagne, p. 119: Il parut à mes généraux
que M. de Batthiany ayant fait construire à Cameyk un pont sur la
Moldau passerait incontinent cette rivière dèsque nous serions sur la rive
gauche.
   2) Schmettau berichtet an den König, den 13. August: »j'ai eu deux
entretiens sur les matières sur lesquelles je suis instruit de V. M. avec
le maréchal de Belleisle et d'Argenson qui ont paru gouter ma pro-
position à cela près qu'ils croient le mouvement vers la Westphalie trop
écarté quoiqu'ils avouent que l'effet que j'eu allégue . . ne serait point
donteux«.

Zeit noch Truppen übrig habe: ganz abgesehen davon, dass
dem genesenden König die Ehre zukäme, durch die Eroberung
Freiburgs den Feldzug mit Ehre und Eklat zu beendigen [1]).
Dann wieder gaben die Franzosen vor, Rücksichten auf die
Dänen nehmen zu müssen [2]). Sie verschwiegen es jetzt auch
gar nicht mehr, dass ihnen sehr viel mehr daran gelegen sei,
Freiburg in ihre Hand zu bekommen, als den ihre eigenen
Interessen nicht direkt fördernden Zug nach Hannover zu unternehmen; sie sprachen es offen aus, dass Freiburg in öster-
reichischem Besitz das obere Elsass und dadurch mittelbar
auch die Franche Comté und die Bourgogne bedrohe [3]). Ausserdem erklärten es die französischen Marschälle für unpassend,
wenn der französische König, nachdem er in Person im Felde
erschienen wäre, derartig seine Streitkräfte zersplittere. Argenson, der französische Kriegsminister, äusserte sogar einmal
hämisch zu Schmettau, der König von Preussen gäbe ein so
gutes Beispiel, seine Truppen nicht zersplittern zu lassen, da
er nicht einmal Truppen nach Eger hineinlegen wolle [4]), dass
auch er finde, die Franzosen thäten recht, ihre Truppen bei-
einander behalten zu wollen. Schmettau konnte sich nur auf
ein heimliches Zeichen Belleisles hin zu einer gemässigten Antwort zwingen [5]).

Kurz vor der Einnahme von Prag erschien der französische
Brigadier Du Mesnil in dem preussischen Lager mit der Frage,
ob Seckendorff auf dem linken oder auf dem rechten Donauufer dem Lothringer folgen solle. In dem Memoire [6]), welches
er übergab, war der Marsch auf dem südlichen Ufer als der
vorteilhaftere empfohlen [7]). Es war schon auffällig, dass jetzt

---

1) Aus der Depesche Schmettaus vom 25. August (G. St. A.).

2) Bericht Sch's vom 1. September (G. St. A.).

3) Schmettau berichtet am 25. August: »ils (die französischen Marschälle) alléguent que le siège de Fribourg n'est pas pour eux de moindre
conséquence puisque la haute Alsace qui (leur est bien d'une autre con-
sequence que la basse, reste toujours à découvert par cette place tant
que les ennemis le possèdent. La conséquence de la haute Alsace est
telle que, si les ennemis pouvaient s'yétablir, la France aurait tout
à craindre parce qu'elle confine avec la Franche Comté et la Bourgogne,
provinces qui sont toujours prêts à se révolter. Vgl. Rousset, Correspondance de Louis XV. et du maréchal de Noailles 1, Introduction
CXXX, II, 120.

4) Vgl. P. K. III, 230.

5) Ebenfalls aus Schmettaus Bericht vom 25. August.

6) Es ist dadiert vom 5. September und befindet sich im G. St. A.
bei Noailles' Immediatkorrespondenz.

7) Vgl. auch Pajol II, 411.

noch, nachdem die beiderseitigen Feldzugspläne bis zum Über-
druss erörtert waren, diese Frage gestellt wurde; Friedrich
forderte einfach, dass man sich an den alten Feldzugsplan
halte [1]). Die Sendung Du Mesnils hatte zwar im Grunde nur
den Zweck, das Verfahren von Noailles zu rechtfertigen, der,
während Ludwig XV. in Metz krank lag, die österreichische
Armee entwischen liess, ohne mit ihr geschlagen zu haben [2]);
aber sie war doch ein weiteres Zeichen dafür, wie wenig innig
auch nach dem offiziellen Abschluss des Bündnisses die Bande
waren, die Preussen an seine Verbündeten knüpften.

Bezüglich des Rückmarsches der österreichischen Armee
war Schmettau der Ansicht, dass er auf Linz gehen werde.
Bei einem Marsch durch die Oberpfalz, über Cham, würde der
Prinz Karl von Lothringen keine genügenden Subsistenzmittel
finden. Die Preussen könnten ihm durch einen Vormarsch auf
Klattau und Hayd diesen Weg versperren und ihm dadurch
die Schwierigkeiten betreffs der Subsistenzmittel noch erhöhen;
denn das Gebiet, wo man in Böhmen mit einer Armee sub-
sistieren könne, reiche nicht weiter als einen Marsch über Pilsen
und Pisek hinaus auf Klattau und Hayd hin. Wolle die österreichische Armee hingegen von Linz aus nach Böhmen marschieren, so könne sie besser von Österreich aus mit Lebens-
mitteln versehen werden und Verstärkungen aus Wien und
Ungarn an sich ziehen [3]).

Auch Seckendorff war der Ansicht, dass Lothringen auf
dem südlichen Donauufer zurückmarschieren werde, denn sonst,

---

1) Friedrich schreibt an Noailles, d. 16. September: »J'espère qu'on
ce fixera sur ce plan et qu'il n'yaura plus de changements (P. K. III, 284,
Droysen V, 2. 311.

2) Vgl. Correspondance de Louis XV. et du maréchal de Noailles II,
181; vgl. auch König Friedrichs erregten Brief an L. XV. (P. K. III, 261)
und den schon etwas ruhigeren zwei Tage darauf (Ebend. p. 265).
Schmettau berichtet am 30. Aug. (G. St. A.): Noailles habe bei L. XV.
die Erlaubnis erbeten, Du Mesnil zum Kaiser und von da zu Friedrich
zu König, um bei beiden seinem Verfahren bei dem Rückzuge der Österreicher auf das rechte Rheinufer »eine entschuldbare Färbung« zu geben.
Er (Schm.) kenne Du Mesnil nicht, aber Belleisle habe ihm gesagt,
»que c'est un menteur et un fripon de la premiére classe et bref un
homme tel qu'il faut pour oser déguiser à un monarque comme V. M.
la vérité s'il 'a savait. Mais V. M. est trop eclairée . . et j'ai informé
V. M. trop bien de toutes les circonstances . . .« Friedrich antwortet
darauf am 10. September (P. K. III, 274): Wenn Du Mesnil ankommt,
werde ich ihn empfangen, wie er es verdient.

3) Schmettau an den König, d. 28. August.

meinte er, hätte er jedenfalls den kürzesten Weg nach der Oberpfalz, über Hall, eingeschlagen [1]).

Friedrich jedoch war anderer Meinung, er glaubte nach wie vor, dass die Österreicher über Pilsen kommen würden [2]). Als Prag genommen war und die preussische Armee in der Nähe der Stadt, bei Kundratitz, lagerte, schrieb er eigenhändig an Podewils: »Prinz Karl hat nach Baiern detachiert, er marschiert mit 40000 Mann auf Batthiany zu, der 12000 hat. Sie wollen sich auf Pilsen hinbewegen, aber ich bin überzeugt, dass ich sie zwingen werde, ihren Plan zu ändern infolge des Marsches, welchen ich mache, und dass meine Truppen nur Ehre von dieser Unternehmung haben werden« [3]). Eine nähere Erläuterung finden diese Zeilen in einem drei Tage darauf von Eichel an Podewils gesandten Schreiben [4]), worin Eichel die Hoffnung ausspricht, dass Tabor noch am 23. und Budweis bald darauf genommen werden wird. Er fährt dann fort: »Des Königs Majestät werden eine Position nehmen, diese Entreprise mit der Armee zu decken und zugleich die österreichische Armee zu observiren, welche letztere dadurch obligiret werden dürfte, entweder nach den Österreichen zurückzugehen; nicht zu gedenken, dass wenn Seckendorff mit der kaiserlichen Armee bis Passau poussiret, entweder zwischen beiden Armeen eine Kommunikation gemachet, oder Prinz Karl, wenn er zu spät nach dem Österreichischen zurückgehet, in die Mitte gebracht wird«. Hier haben wir also den Schlüssel zu dem Feldzugsplan des Königs: er glaubt zwar, dass der Feind über Pilsen kommen wird, und doch zieht er mit der ganzen Armee auf Budweis und Tabor bis an die Grenze Österreichs in der ausgesprochenen Absicht, durch diesen Marsch den Feind zu zwingen, alle andern Pläne aufzugeben und zur Rettung der schwer bedrohten Kernlande der Monarchie herbeizueilen. Auf die Sachsen, von deren geheimem Übelwollen der König sattsam unterrichtet war, hätte Lothringen nicht warten können; sie hätten sich auch wohl schwerlich bereit finden

---

1) Seckendorff schreibt an den König, den 6. Sept. (G. St. A.): »On ne sait pas encore pour certain, si le prince Charles passera le Danube à l'Autriche ou s'il restera sur la rive gauche du Danube pour marcher vers la Bohême. À juger par la route qu'il a pris, on doit croire le premier, car s'il avait eu le dessein de marcher le chemin le plus court vers la Bohême, il l'aurait pris plus à la gauche du côté de Hall pour passer dans le Haut Palatinat«.

2) Seine Antworten an Schmettau und Seckendorf siehe P. K. III, 275 und 286.

3) P. K. III, 288.

4) Ebend. pag. 289.

lassen, ihm bis an die Grenze von Österreich zu folgen. Marschierte hingegen König Friedrich auf Pilsen und bis zu den Pässen von Cham und Fürth, so war, wie auch der König in der Histoire de mon temps ausspricht, zu befürchten, dass der Prinz Karl sich über Eger, von Süden her gedeckt durch das Thal des gleichnamigen Flusses, mit den Sachsen vereinte, auf demselben Wege, den zwei Jahre zuvor der französische Marschall Maillebois benutzt hatte, um sich nördlich des Flusslaufes der Eger Prag zu nähern [1]). Dies wollte und musste der König um jeden Preis zu verhindern suchen. Die entscheidende Wichtigkeit, welche er dem Verhalten der Sachsen beimass, spricht sich recht deutlich in dem Briefe aus, den er am 20. Oktober an Podewils richtete. Sofort nachdem er erfahren hatte, dass die Sachsen ihre Truppen nach Böhmen gesandt hatten, beschied er seinen Minister dahin, dass man »das Eisen ins Feuer bringen müsse, um die Stoffe zur Pacifizierung Deutschlands vorzubereiten«, und offen erklärte er: »hätte ich die Perfidie der Sachsen geahnt, so hätte ich ganz andere Massregeln ergriffen« [2]).

Wesshalb, so fragen wir, liess er die Sachsen in seinem Rücken stehen und trat, ohne sich ihrer versichert zu haben, den Marsch tief in das Innere von Böhmen hinein an? Verdächtig genug schien ihr Verhalten: man fing chiffrierte Depeschen Batthianys an den österreichischen Gesandten in Dresden und ein Schreiben des Herzogs von Weissenfels, des Höchstkommandierenden der sächsischen Truppen, auf [3]); die französischen Zeitungen sprachen schon ganz offen die Vermutung aus, dass Sachsen ein Korps von 10000 Mann, wie es im letzten Vertrage mit Österreich bestimmt sei, nach Böhmen senden werde. Graf Beess, der preussische Gesande in Dresden, wurde daher vom König angewiesen, eine Erklärung darüber zu fordern [4]).

In der Histoire de mon temps sagt Friedrich: »Das Benehmen der Sachsen bewies Übelwollen, ich hielt sie zwar für fähig, mir für den Fall des Unglückes gefährlich zu werden, aber ich hielt sie doch nicht für so unvernünftig, sich mit den Österreichern in einem Kriege zu verbünden, dessen Ausgang ungewiss war, um so mehr, als Sachsen wie umringt war von der grossen, von mir geführten Armee und dem Korps, welches

---

1) Publ. IV, 327.
2) P. K. III, 302.
3) Eichel an Podewils, d. 28. August (G. St. A.).
4) P. K. III, 259.

der Fürst von Anhalt zur Verfügung hatte« [1]). Hier finden wir wieder Richtiges und Unrichtiges vereint. Es war damals noch gar kein Korps unter dem alten Fürsten von Anhalt-Dessau an Sachsens Nordgrenze zusammengezogen; der Befehl dazu erging erst am 25. September aus dem Hauptquartier Wotitz, also kurz vor dem Eintreffen der vom König geführten Hauptarmee vor Tabor. Dagegen ist der erste Teil der angeführten Erörterungen des Königs sehr charakteristisch für ihn. Er zeigt sich hier als Sanguiniker: was er wünscht, glaubt er gern, glaubt es um so lieber, als er ausserdem noch durch andere Dinge einen eventuellen Losbruch Sachsens verhindern zu können meinte.

Er beherrschte mit dem Schloss Tetschen, dessen Besatzung sich ihm zu Kriegsgefangenen ergab, das Elbthal, zudem hielt er mit Prag die Hauptfestung Böhmens in seiner Hand; wiederholt hatte er es bei der Erörterung seiner Feldzugspläne ausgesprochen, dass der Besitz Prags unter anderm ihm dazu dienen sollte, Sachsen in Schach zu halten. Ausserdem glaubte er noch, Sachsen auf seine Seite ziehen zu können. Er hatte darauf gedrungen, es zum Anschluss an die Frankfurter Union einzuladen und suchte den Kaiser zu bewegen, es durch Aussicht auf Landerwerb in Böhmen, den Besitz des wichtigen Eger, zu gewinnen [2]). Die Verhandlungen schienen durchaus nicht aussichtslos. Am 12. September schrieb der König aus dem Lager vor Prag an Klinggräffen: »Ich arbeite gegenwärtig daran, die Sachsen auf unsere Seite hinüberzuziehen und habe grosse Hoffnung, damit zustande zu kommen, vorausgesetzt, dass der Kaiser auf vernünftige Vorschläge (wegen Abtretung böhmischen Landes an Sachsen) eingeht [3]). Wenn nur der zur Mission an den sächsisch-polnischen Hof ausersehene Graf St. Severin käme, so hoffte er, Sachsen völlig gewinnen zu können; immer und immer wieder drängte er Ludwig XV., die Sendung zu beschleunigen, ehe England vermittels seiner Guineen dort festen Fuss fassen könne, eine zu späte Sendung sei nutzlos, sei »Senf nach dem Essen« [4]).

Er hatte nicht grundlos zur Eile gemahnt. Kaum zwei Wochen nach jener hoffnungsfreudigen Depesche an Klinggräffen, am 24. September, empfing er durch seinen Gesandten in Dresden die ersten, noch unbestimmten Nachrichten von den Bewegungen sächsischer Truppenteile; noch wusste er

1) Publ. IV. 324.
2) Vgl. P. K. III, 150, Anm. 1.
3) Ebend. pag. 278.
4) Ebend. pag. 261, 272, 275, 293.

nicht, ob dieselben als Hülfskorps nach Böhmen oder nach
Hannover geschickt werden sollten, wenngleich er aufgrund
anderweitiger Anzeichen geneigt war, das Erstere anzunehmen [1]).
Noch gab er das Spiel durchaus nicht verloren. Er erfuhr am
28. in Tabor, dass St. Severin endlich in Frankfurt angelangt
sei, und befahl Klinggräffen, denselben zur unverzüglichen
Weiterreise nach Polen anzutreiben; zugleich ergingen an den
Gesandten in Warschau, von Wallenrodt, und den dortigen
Residenten Hofmann Befehle, sich mit St. Severin sofort nach
seiner Ankunft in Verbindung zu setzen [2]). An Podewils aber
schrieb Eichel am 29. September: »Seine Majestät der König
haben mir soeben befohlen, Ew. Excellenz mitzuteilen, dass
S. M. hoffen, morgen Budweis zu haben und darauf übermorgen
mit der Armee auf Thein marschieren werden, um dort die
Moldau zu passieren und dem Feind geradewegs entgegenzugehen, um mit ihm zu schlagen, wo Sie ihn finden. . . . Nach
der Schlacht werden Seine Majestät ein Korps Ihrer Truppen
absenden, um Eger zu belagern und zu nehmen, um dadurch
die Verbindung zwischen Sachsen und Österreich abzuschneiden;
danach werden Sie Ihre Truppen in die Winterquartiere legen
und über Schlesien nach Berlin zurückgehen [3])«.

Man würde sich über diese Hoffnungsfreudigkeit wundern
müssen, wenn man einen andern, für den König ausschlag-
gebenden Grund übersähe: das Verhältnis Friedrichs zu Russland, welches ja damals wenn auch kein herzliches, so doch
ein durchaus erträgliches war. Schon im März hatte er an
Mardefeld geschrieben, er möge sich bemühen, »dass die
Kaiserin den sächsischen Hof veranlasse, mit ihm in gutem
Einvernehmen zu leben und seine Absichten gegen die Königin
von Ungarn zu unterstützen oder ihnen wenigstens kein Hindernis in den Weg zu legen; dass die Kaiserin ferner dem sächsischen Hofe erkläre, dass sie es gern sehen würde, wenn er
in gutem Einvernehmen mit dem Kaiser lebe und mit ihm
den 1733 mit dem bairischen Hause geschlossenen Vertrag er-
neuern« [4]). Eine Woche darauf schreibt er an Rothenburg: »Es
giebt noch eine Sache, welche mich lebhaft beschäftigt, aber
mit der ich hoffe zustande zu kommen; es ist nämlich ganz
unumgänglich notwendig, dass ich die russische Kaiserin dazu
bewege, Sachsen ernsthafte Vorstellungen zu machen, dass es
meinen Plänen kein Hindernis in den Weg legt, denn ich

---

1) Vgl. P. K. III, 291.
2) P. K. III, pag. 235.
3) P. K. III, 296.
4) Vgl. P. K. III, 70.

würde ein entsetzliches Risiko auf mich nehmen, wenn ich, ehe das geschehen ist, meine Operationen in Böhmen beginnen und einen Feind wie Sachsen hinter mir lassen wollte. Ich glaube jedoch, dass die Kaiserin sich sehr leicht dazu bereit finden wird, Sachsen diese Vorstellungen zu machen, und da dieses gänzlich abhängig von dem Willen Russlands ist, so werde ich dann die Hände frei haben, um zu operieren wie ich will« [1]).

Als dann im August die Marschbefehle an die Regimenter bereits ergangen waren, und Friedrich in einem Schreiben der Kaiserin Elisabeth den Entschluss, ins Feld zu rücken mitteilte, vergass er nicht, die Bitte hinzuzufügen, Elisabeth möchte dem sächsischen Gesandten an ihrem Hof (Freiherr von Gersdorff), zu verstehen geben, dass sie es gern sehen würde, wenn der König von Polen sich dem Kaiser gegenüber etwas willfähriger zeige [2]). Wie ein Donnerschlag traf ihn daher im Lager von Konopitsch die Meldung Podewils vom 6. Oktober, dass die Sachsen den Schild erhoben hätten, und zwar, wie Podewils offen aussprach, im Vertrauen auf die Hülfe Russlands [3]). Sofort liess der König an Podewils die Weisung ergehen, »dass Eisen ins Feuer zu bringen«, um einen Frieden in Deutschland zu bewerkstelligen; um Russland nicht zu reizen, vermied er es sogar, Rache an den sächsischen Territorien zu nehmen [4]).

Es bliebe jetzt noch der Vormarsch Friedrichs über die Moldau bei Thein zu erklären. In der Histoire de mon temps [5]) und der Relation de ma campagne [6]) giebt der König an, dass er sich nicht so weit vorgewagt haben würde, wenn ein Spion ihn nicht benachrichtigt hätte, dass die österreichische Armee in drei Kolonen auf Budweis maschiere. In den Akten findet sich, wie schon Droysen bemerkt, nichts über diese Angabe [7]). Dies wäre zwar kein Beweis für die Unrichtigkeit derselben, allein anderes kommt hinzu. Eichel berichtet schon am 29. September, also noch ehe überhaupt Budweis genommen war, über den Entschluss des Königs, bei Thein über die Moldau zu gehen, um mit dem Feinde zu schlagen. Ferner ist Winter-

---

1) P. K. III, 83.
2) P. K. III, 248.
3) Vgl. P. K. III, 302 und 311, vgl. auch 309, wodurch sich erklärt, dass der König erst jetzt sichere Nachricht von dem Thun der Sachsen erhielt.
4) P. K. III, 314.
5) Publ. IV, 310.
6) Beihefte zum Militär-Wochenblatt, 1877, p. 121.
7) Vgl. Droysen V, 2, 335, Anm 1; Ranke S. W. 29, 123 misst der Angabe einen wirklichen Wert bei.

feldt, wie aus seinem Bericht [1]) aus Thein hervorgeht, daselbst
schon am Morgen des 1. Oktober eingetroffen und hat sofort
einen Lagerplatz für die ganze Armee, sowie einen Ort für eine
Ponton-Brücke ausgesucht. Die Pontons dazu hatte er schon
bei sich. Ferner sandte der König schon am 2. Oktober, also
noch ehe er die Moldau passiert hatte, Befehl an Nassau, am
4. in der Gegend von Wodnian, etwas westlich von Thein, zu
ihm zu stossen [2]).

Aus alle dem scheint hervorzugehen, dass der König überhaupt von Anfang an, als er sich von Prag aus südwärts
wandte, die Absicht gehabt hat, über die Moldau dem Feinde
zur Schlacht entgegenzugehen. Er hatte ja oft genug ausgesprochen, dass es sein Plan sei, nach Vollendung des strategischen Aufmarsches sich mit dem Prinzen Karl von Lothringen,
wo er ihn fände, in offener Feldschlacht zu messen. Auf diese
Weise wird es denn auch erklärlich, dass er entgegen dem
Rate Schwerins, der auf Neuhaus nordöstlich von Budweis, und
dem des Erbprinzen Leopold von Dessau, der auf Budweis
wollte [3]), dabei blieb, bei Thein über die Moldau zu gehen.
Überdies erfuhr er durch österreichische Deserteure, dass
Batthiany von Pilsen aus südwärts auf Pisek marschiert, dass
Prinz Karl am 26. September über Taus in Böhmen eingerückt
sei und wahrscheinlich am 29. in Pilsen eintreffen werde [4]).
Kein Wunder, dass der König auf diese Nachricht hin, welche
so gut zu seinen Plänen passte, noch geneigter war, den Stier
bei den Hörnern zu packen, sich nach dem Übergang über
die Moldau der österreichischen Armee in den Weg zu stellen.

Es gelang ihm, wie bekannt, nicht, seine Absicht zu
schlagen, auszuführen; es zeigte sich, dass er einen »Stoss in
die Luft« [5]) gethan hatte, er musste zurück. Von diesem Zeitpunkt an, wurde er durch geschickte schräge Aufstellungen
der Österreicher gegen seine Rückzugslinie hin allmählich ganz
aus Böhmen gedrängt und mit seiner durch Krankheit und
Desertion fast ruinierten Armee zum Rückzug nach Schlesien
genötigt.

---

1) G. St. A.
2) Droysen V, 2, 335.
3) Histoire de mon temps (Publ. IV, 330). In den Akten fand sich
nichts über diese Angabe. Die relation de ma campagne, p. 121, berichtet nur im allgemeinen über die Möglichkeiten, auf Budweis, auf
Neuhaus oder über die Moldau zu gehen.
4) Vgl. Droysen V, 2, 334, Anm. 2.
5) Ebend. pag. 336.

Anhang.

Aus dem Berichte Schmettaus an den König vom 30. August 1744:

»... Je compte qu'au plus tarde V. M. sera maître le 10 et avec tous les accidents possibles et imprévus le 15 septembre et qu'entre ce temps à Pilsen et Budweis Elle aura de considérables magasins, ayant un tiers de Son infanterie et deux tiers de toute Sa cavalerie et trois quarts de tous Ses hussards lesquels depuis Son entrée en Bohême jusqu'au 25 ou 30 septembre n'auront autre chose à faire qu'à protéger les bien intentionnés et à obliger les cercles les plus rétifs et éloignés de livrer les fourages, grains et farines aux magasins de V. M. et surtout du côté d'où les ennemis par la suite s'en pourraient prévaloir.

Comme V. M. aura a temps la notice si la marche des ennemis va vers Amberg, vers Cham ou vers Ratisbonne ou Straubing, Denkendorf ou jusqu'à Lintz, Elle a tout le temps de régler les mouvements de Son armée depuis le côte de Plan, Hey, Ternitz, Klattan et Wintersberg qui est le dernier venant du Palatinat et de Stadamhoff ou Straubing, car depuis Denkendorff jusqu'a Passau et Lintz il n'y a aucun autre passage pour passer avec une armée et si l'est du côté de Lintz comme V. M. aura vu par mes mémoires que j'ai dit mes raisons pour lesquelles je suis porté à croire ... V. M. étant sans doute maître de Budweis s'emparera de Freystatt, parceque c'est une place tenable et d'abord qu'on peut venir en 2 ou 3 jours à son secours et que par là on est le maître de cette vallée qui vient de Lintz et qu'on peut toujours y prévenir les ennemis et avoir un grand avantage de terrain sur ceux qui veulent venir par là, le terrain allant toujours en s'élevant et de grandes ravines qu'on a toujours contre les arrivants à son avantage, je connais extrêmement cette partie du côté de Ober-Mandhardsberg, du côté de Weitrach et Schrems, elle est impracticable pour une armée et depuis Leopoldsschlag jusqu'à Gratzen, ce sont des montagnes et forêts impénétrables qu'avec de petits partis à pied et encore très-difficilement de là vers Witterau et Sobieslau. C'est un pays entrecoupé de canaux, ruisseaux, grand étangs et quantité d'eaux, desqu'elles étant maître on peut avec 10 m. h. empêcher 50 m. h. si on voulait se tenir sur la défensive et depuis Sobislau jusqu'à Tabor et Bechin cette rivière de Lachitz qui forme en haut tant de gros étangs, coule de plus en plus dans une vallée de rochers si escarpée que pour peu qu'on y ait de petits partis qui puissent observer que les ennemis n'y puissent faire un travail auquel ils employeraient au moins deux fois 24 heures, il n'y passera jamais personne.

Il y a encore à observer aussi que comme on est maître d'une énorme quantité d'eaux, de lacs et étangs, on peut entre Veselli avec un fort facile et bref travail pratiquer de distance en distance des retenues d'eau avec des écluses on retenues de bois, qu'on y a en quantité, qu'on peut inonder tout le terrain qu'on veut de façon que l'ennemi n'y peut pas seulement approcher. Mais comme V. M. a une armé avec laquelle Elle ne demande pas mieux qu'à en venir à une bataille, je crois que les ennemis se porteront plus bas en Autriche pour venir sur la grande route de Vienne du côté de Frating et de Schlabing vers Königseck et Neuhaus et entre Neuhaus et Potschacken et Pilgram, V. M. a encore des camps de bataille extrêmement avantageux pour Elle.

Le Maréch de Belle a parcouru hier avec moi toutes ces parties et nous avons raisonné là dessus, puis qu'alors l'ayant perdu avec tous les ressorts qu'ils pouvaient faire jouer au nord, ils ne s'en releveraient plus et rien ne serait plus à temps pour eux«.

Inhalt.
